KurzCHECK
Sozial-emotionale Entwicklung von Kindern

Anja Mock-Eibeck

Handwerk und Technik – Hamburg

Vorwort

Dieser KurzCHECK veranschaulicht wesentliche Entwicklungsschritte der sozial-emotionalen Entwicklung von Kindern zwischen 0 und 10 Jahren. Die beschriebenen Schritte in den jeweiligen Altersstufen sind *nicht* als verbindliche Norm anzusehen. Sie können beim einzelnen Kind in seinem individuellen Umfeld auch zu einem früheren oder späteren Zeitpunkt sichtbar werden, ohne dass dies gleich ein problematischer Entwicklungsverlauf sein muss.

Der sozial-emotionale Entwicklungsbereich wird in besonderem Maße vom Umfeld des Kindes geprägt, daher sind in der Interaktion eine bewusste Haltung des Erziehenden (Fachkraft, Eltern) und das Wissen über förderliche Bedingungen von großer Bedeutung.

Die Autorin

Das Werk ist Teil der Reihe *KurzCHECK:* Sprachliche Entwicklung von Kindern (Bestell-Nr. 4720); Motorische Entwicklung von Kindern (Bestell-Nr. 4721); Kognitive Entwicklung von Kindern (Bestell-Nr. 4723).

ISBN 978-3-582-04722-9 Bestell-Nr. 4722

Verlag Handwerk und Technik GmbH,
Lademannbogen 135, 22339 Hamburg; Postfach 63 05 00, 22331 Hamburg – 2020
E-Mail: info@handwerk-technik.de – Internet: www.handwerk-technik.de

Satz und Layout: FOXDESiGNER Wahner GbR, 35085 Ebsdorfergrund
Umschlagsbilder: stock.adobe.com: 1,7 (vcoffeee_in), 2-6 (puckillustrations)
Druck: Elbe Druckerei Wittenberg GmbH, 06886 Wittenberg

Inhalt

Mindmap zur sozial-emotionalen Entwicklung

SOZIAL-EMOTIONAL

ZIELE

Die zwischenmenschliche Ebene
- Wertschätzung
- Empathie
- Demokratie
- Solidarität/Abgrenzung

Die persönliche Ebene
- Selbstreflexion
- Rücksichtnahme
- Durchsetzungsvermögen

Resilienz
- Personale Ressourcen
- Soziales Umfeld
- Förderliche Erziehung

RISIKEN

- Mangelnde Fürsorge
- Fehlende Bindung
- Überbehütung
- Misshandlung/Missbrauch
- Emotionale Manipulation

FÖRDERUNG

- Verlässliche Bezugsperson sein
- Autonomie ermöglichen
- Kompetenz fördern
- Empathie zeigen: Freude, Lob, Mitgefühl
- Freundschaften pflegen
- Geduld, Ausdauer und Konzentration stärken
- Perspektivwechsel anbahnen

THEORIEN

- Bindung (Bowlby, Ainsworth)
- Psychosoziale Stadien (Erikson)
- Moralentwicklung (Piaget)
- Moralentwicklung (Kohlberg)

EMOTIONEN

Überraschung | Freude | Angst | Wut | Trauer | Ekel | Verachtung

NTWICKLUNG

GRUNDLAGEN

Bedürfnisse

- *physisch*
  - Schlaf
  - Nahrung
  - Körperpflege
- *Fürsorge*
  - Körperkontakt
  - Blickkontakt
  - Ansprache
  - Spiel
- *psychisch*
  - Eingebundensein
  - Kompetenzerleben
  - Autonomie

Sozialisation

- Wertmaßstäbe vermitteln
- Partizipation ermöglichen
  - aktives Entdecken Ko-Konstruktion

Erziehung

- Orientierung bieten ➔ autoritativ
- Partizipation ermöglichen
- Regeln, Grenzen, logische Konsequenzen

Symbole

- Bedürfnisse ausdrücken, Selbstregulation
- Interaktion, soziale Kognition, Kontaktverhalten
- Motivation
- Theorien und Modelle

Grundsätzliches zur sozial-emotionalen Entwicklung

Wenn wir Kinder beobachten, dann fällt uns ihr spontaner Ausdruck von Emotionen auf:
Ihre Fröhlichkeit und Ausgelassenheit, ihre Begeisterungsfähigkeit und Freude, auch ihre Tränen aus Enttäuschung, Ärger und Wut, sowie ihre Angst und Verzagtheit.
Diese Emotionen lassen uns nicht kalt, sie lösen auch bei uns Emotionen aus und wir agieren, selbst dann, wenn wir entscheiden, nicht aktiv zu werden. Die sozial-emotionale Entwicklung des Kindes ist bei Fachkräften und Bezugspersonen sozusagen ein „Dauerbrenner", aber trotzdem oft weniger beachtet. Häufiger rücken motorische Fähigkeiten, sprachlicher Ausdruck und kognitive Leistungen in den Fokus.
Doch: **„Die emotionale Entwicklung ist die Basis für die ICH-Werdung",** mit diesem Satz formuliert Prof. Anton Dosen aus den Niederlanden die große Bedeutung dieses Entwicklungsbereichs für eine gelingende Gesamtentwicklung. Jeder Entwicklungsschritt (sprachlich, motorisch oder kognitiv) baut auf Emotionen auf, diese sind der Motor des Lernens. Erschreckend deutlich wird das in der Forschung von René Spitz zum Hospitalismus: Kinder, deren emotionale Bedürfnisse keine Resonanz finden, bleiben in ihrer Entwicklung zurück.
Für Fachkräfte und Bezugspersonen stellen sich daher täglich neu die folgenden Fragen:

- Was braucht ein Kind, um ICH- und SOZIALKOMPETENZ zu entwickeln?
- Wie können wir die sozial-emotionale Entwicklung von Kindern möglichst optimal begleiten?
- Welche Ziele soll(t)en erreicht werden?

> **MERKE**
> In der sozial-emotionalen Entwicklung entwickelt sich die Fähigkeit, mit eigenen und fremden Gefühlen konstruktiv umgehen zu können. Somit bedingen sich Sozialkompetenz und emotionale Kompetenz gegenseitig und bauen aufeinander auf.

Hinweis: Im Folgenden werden die Begriffe „Fachkraft" und „Bezugsperson" verwendet, dies dient zur Unterscheidung von institutionellen und familiären Bezügen. Natürlich sind Fachkräfte an vielen Stellen auch Bezugspersonen, die die sozialen Kontakte eines Kindes bereichern und ergänzen.

Erwartungen an die sozial-emotionale Entwicklung

Bei der emotionalen Entwicklung geht nicht darum besser, zu sein als andere – es geht darum, ein Bewusstsein zu entwickeln, **DASS man fühlt** und **WAS man fühlt.** Zunächst mal gleichgültig, ob dies angenehme oder unangenehme Emotionen sind. Jede Emotion ist von Bedeutung, aber nicht jeder Umgang damit ist angemessen. Daher ist es wichtig, zu lernen, mit den eigenen und fremden Emotionen angemessen umzugehen. Dazu brauchen Kinder verantwortungsvolle Erwachsene, die sie beim sozial-emotionalen Lernen begleiten.

Zunächst werden nämlich die Emotionen eines Kindes *von außen,* durch die Bezugspersonen geregelt. Ein Kind im ersten Lebensjahr ist vollständig auf eine Bezugsperson angewiesen, die zuverlässig und feinfühlig auf die Signale des Kindes reagiert. Nach und nach gelingt es dem Kind dann immer besser, eine eigene Regulation vorzunehmen.

Dabei spielen allerdings die Vorerfahrungen im Austausch mit den Bezugspersonen eine bedeutende Rolle, **denn der Umgang mit Emotionen wird am Vorbild** der umgebenden Personen **gelernt.** Dies sind keinesfalls nur die engen Bezugspersonen, auch andere Menschen im Umfeld des Kindes und die Medien sind – nicht immer nur gute – Vorbilder.

Kinder brauchen die Sicherheit und das Vertrauen darauf, dass sie auch mit ihren negativen Emotionen nicht abgelehnt werden. In diesem Sinne sind emotionale Ausbrüche und Auseinandersetzungen kein Entwicklungsproblem, sondern Lernanlass, um sich damit auseinanderzusetzen.

Was Fachkräfte und Bezugspersonen für eine positive Begleitung der sozial-emotionalen Entwicklung wissen sollten, findet sich in diesem KurzCHECK. Die Ziele dieses Entwicklungsprozesses sind hier vorab schon skizziert:

Die sozial-emotionale Entwicklung hat zum Ziel, dass das Kind altersentsprechend …

- die **eigenen Emotionen wahrnehmen** kann, diese **angemessen ausdrücken** und **regulieren** kann (also: eigene Gefühle verstehen und akzeptieren, ggf. äußern oder zurückhalten),
- **Selbstwertgefühl, Selbstvertrauen und Selbstbewusstsein** entwickelt,
- **Neugierde, Interesse und Motivation** zeigt,
- über **verschiedene Strategien** verfügt, **um mit Frust und Niederlagen umzugehen,**
- **Beziehungen und Bindungen eingehen** kann,
- **Emotionen bei anderen Menschen erkennen, erzeugen, bewerten** und auf diese **angemessen reagieren** kann,
- **empathisch** reagiert,
- ein **Bewusstsein für Gerechtigkeit** hat,
- das **Gefühl für Solidarität, Gleichheit, Demokratie, und Verantwortung entwickelt,**
- Mut hat, **konstruktiv Zweifel und Lösungsvorschläge** zu formulieren,

… und sich so zu einem (intellektuell, motorisch, sprachlich und) **sozial kompetenten Mitglied der Gesellschaft** entwickelt. Die sozial-emotionale Entwicklung ist ein lebenslanges Lernen. Sie macht die Individualität eines jeden Menschen aus. Sie wird geprägt von den Erfahrungen, die ein jeder Mensch in seiner Lebenssituation macht. Deshalb: Die Reflexion von eigenem und fremdem Verhalten und der eigenen und fremden Befindlichkeit schafft Verständnis.

Emotionen

Begriffsbestimmung

Der Begriff Emotion kommt vom lateinischen *e-movere* und bedeutet so viel wie „in Bewegung setzen“. In diesem Sinn trifft es das, was Emotion meint, nämlich:

„Es bewegt mich etwas.“ „Ich möchte jubeln und springen vor Freude.“ „Ich könnte platzen vor Wut.“ und selbst bei „ich bin starr vor Angst“ ist Bewegung drin, wenn auch eine eingefrorene Bewegung.

Im Alltag sind Emotionen allgegenwärtig, sie sind komplexe Antworten auf bedeutsame Reize, die von innen oder außen auf den Menschen einwirken. Jeder Mensch erlebt sie tagtäglich in vielfältiger Ausprägung und verschiedener Intensität. **In der sozialen Interaktion sind nicht nur die eigenen, sondern auch die Emotionen des Gegenübers bedeutsam.** Lebenslang sind sozial-emotionale Entwicklungsaufgaben zu bewältigen.

Wir sind immer wieder neu aufgefordert, nicht nur die eigenen, sondern auch die Emotionen des Gegenübers zu erkennen und einzuordnen, uns darauf einzustellen und damit umzugehen.

Für ein gelingendes soziales Miteinander ist es wichtig, als Fachkraft/Bezugsperson über ein fundiertes Wissen hinsichtlich der sozial-emotionalen Entwicklung zu verfügen.

Fachbegriff	**Erklärung: ist die Fähigkeit …**
Emotionsausdruck	eigene Emotionen zu zeigen (verbal oder nonverbal)
Emotionsverständnis	eigene und fremde Gefühle zu verstehen und zu interpretieren
Emotionsregulation	mit den eigenen Gefühlen und ggf. auch fremden Gefühlen situationsabhängig konstruktiv umzugehen
Empathie	sich in den emotionalen Zustand eines anderen Menschen hineinversetzen zu können und mittels sozialer Interaktion reagieren zu können
Sozial-emotionale Kompetenz	die Summe der Fähigkeiten, um mit eigenen und fremden Emotionen angemessen umzugehen

Übersicht: Emotionale Entwicklung

Alter	Emotionsausdruck	Emotionsverständnis	Emotionsregulation	Empathie
1. Lebensjahr	Ab 3. Lebensmonat: primäre Emotionen (Freude, Angst, Ärger, Traurigkeit, Interesse, Überraschung)	Primäre Emotionen können nachgeahmt und nachempfunden werden	intern: z. B. Lutschen am Daumen, extern: durch Trost	Globale Empathie: Kind lässt sich von Gefühlen anderer anstecken
2. Lebensjahr	Emotionsausdruck durch erste Worte und Sätze möglich, Sekundäre Emotionen (Stolz, Scham, Schuld, Neid) können empfunden und geäußert werden, da das Kind an Selbstbewusstsein gewinnt und sich mit anderen zu vergleichen beginnt	Kind erkennt, dass Emotionen innere Zustände sind, das Wissen über Ursachen von Emotionen nimmt zu	Kind verinnerlicht neue Methoden der Emotionsregulation (z. B. nuckeln, schaukeln, Kuscheltier festhalten usw.), lernt erst soziale Regeln im Hinblick auf erwünschte und nicht erwünschte Methoden der Emotionsregulation (z. B. schlagen)	Egozentrische Empathie: Kind lernt immer besser, Ursachen vom Emotionen zu erkennen und reagiert auf Gefühlsausdruck anderer, vermischt eigene und fremde Emotionen
3. Lebensjahr	Kind lernt, Gefühle vorzutäuschen oder zu verstecken,	bei anderen Menschen nur Unterscheidung von positiven und negativen Emotionen möglich, erkennt, dass Emotionen das Ergebnis innerer Prozesse sein können, Enge Verknüpfung mit Wortschatz und Ausdrucksvermögen		Kind ist in der Lage, Mitleid zu empfinden
4. & 5. Lebensjahr	Kind knüpft neue soziale Kontakte, hat aber häufig noch Probleme, (widersprüchliche) Gefühle zu verstehen	Weiterentwicklung des Emotionsvokabulars, Kind nimmt häufiger Bezug auf die Gefühle anderer, nimmt widersprüchliche Gefühle war, z. B. gleichzeitig Freude und Angst bei bevorstehendem Ereignis (multiple Emotionen)	Neue Methoden der Emotionsregulation, z. B. Selbstgespräche führen, Frust durch Bewegung abreagieren, mit anderen über Gefühle sprechen usw. (wenn auch unbewusst)	Emotionale Empathie: Kind kann eigene und fremde Emotionen unterscheiden

6. & 7. Lebensjahr	Kind verfügt über facettenreiche Möglichkeiten, Emotionen auszudrücken. ist in der Lage, seinen Emotionsausdruck zu kontrollieren und anzupassen	Kind kann bewusst dafür sorgen, dass Situationen, die bei anderen negative Emotionen auslösen nicht auftreten, Kind verfügt über komplexes emotionales Wissen		Kind ist in der Lage, Emotionen anderer zu begründen und in Relation mit deren Persönlichkeit, mit deren Erlebnissen und Erfahrungen zu setzen

(Kkindererziehung.com/V. Fischer, 2016)

Grundemotionen

Der amerikanische Psychologe Paul Ekmann hat die folgenden **Grundemotionen** erforscht, die kulturübergreifend sind: Freude – Angst – Wut – Trauer – Ekel – Verachtung – Überraschung. Diese Basisemotionen haben genetische Wurzeln, sie werden überall auf der Welt gleich interpretiert. Allerdings ist der Umgang mit diesen Emotionen in den verschiedenen Kulturen sehr unterschiedlich. Es gibt Konventionen (Verhaltensnormen) und Regeln, die festgelegt sind und gesellschaftlich erwartet werden.

> **MERKE**
> Als Fachkraft ist es hilfreich, sensibel dafür zu sein, wie mit den verschiedenen Emotionen in anderen Kulturkreisen umgegangen wird und dazu Informationen zu sammeln.

Die 6 Basisemotionen:

Freude

Ärger

Angst

Erstaunen

Ekel

Trauer

Emotionen können in verschiedenen Ausprägungen gezeigt werden, einerseits in besonderer Stärke, wenn z.B. Angst sich als Panik äußert, und andererseits in einer eher schwachen Ausprägung, wo z.B. Freude als Gelassenheit nur mäßig wahrnehmbar wird. Einen guten Überblick bietet das **Rad der Emotionen** von Robert Plutchik:

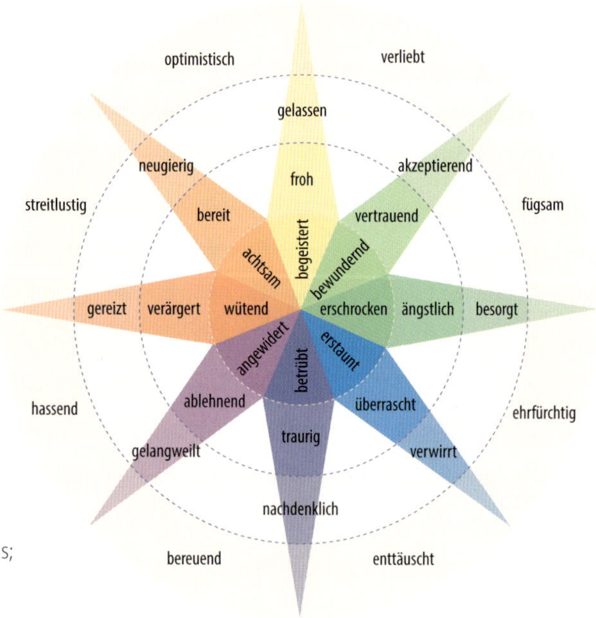

Robert Plutchiks Rad der Emotionen (Wheel of Emotions; deutsche Übersetzung nach W. Stangl)

Funktionen von Emotionen

Emotionen haben Bedeutung, sie sind funktional, d.h., sie funktionieren nicht nur reflexartig oder als (erlernte) Antwort auf Erlebtes, sondern sie haben eine Funktion für den Menschen.
Beispiel: Ein Kind baut einen Turm. Dieser fällt immer wieder um, weil es die Steine längsseitig aufeinandersetzt, es probiert es quer und schließlich im Verbund. Der anfängliche Misserfolg lässt es nach anderen Möglichkeiten suchen und es hat Erfolg mit dem Aufbau im Verbund.

Mögliche Emotionen:

- Freude oder frustriertes Aufgeben
- Annahme oder Ablehnung von Hilfe/Tipps
- Wut/Enttäuschung/Traurigkeit, weil der Turm versehentlich/absichtlich umfällt
- Vielleicht lobende oder abwertende Rückmeldung von anderen Personen
- Eventuell ist es vertieft ins Tun, nimmt v. a. die eigenen Emotionen wahr.

Es gibt zahlreiche emotionale Informationen mit vielfältigen Reaktionsmöglichkeiten, diese lassen sich in **drei Funktionsklassen** einteilen:

Die handlungsleitende, motivationale Ebene
Emotionen fungieren als **Motivator** und unterstützen das Kind bei der Bewältigung von Aufgaben. Positiv Bewertetes wird weiterverfolgt, negativ Bewertetes wird vermieden.
Die sozial-kommunikative Ebene
Interaktion ist geprägt von Emotionen. In sozialen Beziehungen entstehen Wechselwirkungen zwischen Aktion und Reaktion der beteiligten Interaktionspartner. Mit vertrauten Menschen haben sich Interaktionsmuster entwickelt, die das **Zusammenleben erleichtern.** Aber auch „No-Gos", die ggf. immer wieder zu Emotionsausbrüchen führen oder bewusst zur Provokation genutzt werden können. Die Emotion beeinflusst, ob wir einen Menschen als attraktiv (anziehend) oder als unattraktiv (abstoßend) bewerten – und folglich die Art und Weise der Interaktion.
Die informative Ebene
Emotionen informieren über wichtige Ereignisse in der Umwelt. Sie geben **Orientierung,** weisen auf **Gefahren** hin und haben eine **Überwachungsfunktion,** indem sie Erfolge oder Rückschritte im Hinblick auf eine Zielerreichung anzeigen. Sie sind **Feedbackinstrument** und geben Rückmeldung über die Folgen von Handlungen oder Entscheidungen.

> **TIPP**
> Fachkräfte in Kitas haben eine besondere Verantwortung für die gelingende sozial-emotionale Entwicklung eines Kindes, daher ist es wichtig, reflektierend zu überprüfen:
> - in welcher Weise die Interaktion mit den Kindern abläuft,
> - ob alle Kinder gleichermaßen geachtet, beachtet und wertgeschätzt werden,
> - ob man selbst Beobachtungs- oder Wahrnehmungsfehlern unterliegt.

Fazit: Emotionen erfordern/erzeugen Resonanz, dies geschieht durch äußere bzw. innere Bewertung. Eine Emotion bleibt nicht unbeantwortet im Raum stehen, ob ich mich reinsteigere, beruhige, alles hinschmeiße, ob ich es zukünftig vermeide oder mich doch wieder damit auseinandersetze … das alles hängt von meiner inneren oder auch von einer äußeren Bewertung ab. Dies kann tagesformabhängig wechseln oder in meiner Persönlichkeit verankert sein und auch erlernt durch Handlungsmuster, die sich entwickelt haben.

Der Umgang mit Emotionen ist ganz stark vom Umfeld und der Umwelt abhängig. Vorbilder sind dabei nicht nur die Bezugspersonen, sondern alle Menschen, die Einfluss auf ein Kind haben, also pädagogische Fachkräfte, Freunde, Peergroups, Nachbarn, Idole und auch die Medien. Sie alle vermitteln dem Kind Wertmaßstäbe bezüglich seines Handelns.

Man unterscheidet den angemessenen und den manipulativen Einsatz von Emotionen. Beides zeigt, dass ein Kind gelernt hat, mit Emotionen umzugehen. Es kann Emotionen steuern, aber es braucht noch ein Regel- und Wertesystem vom Umfeld. So setzt die Moralentwicklung ein (siehe Seite 28–31).

Emotionen regulieren

Eine Emotionsregulation findet im Alltag häufig statt, nämlich immer dann, wenn wir versuchen, die Verhaltenserwartungen unserer Mitmenschen zu erfüllen. Diese Prozesse können bewusst oder unbewusst ablaufen. Hier können auch innere Konflikte entstehen und es gilt dann, im Widerstreit der Interessen abzuwägen, welcher Emotion ich Priorität gebe.

Beispiel: Ein Kind erhält von der Oma ein Geschenk, das ihm nicht gefällt. Soll es höfliche Freude zeigen? Und damit Rücksicht auf die (vermeintlichen) Gefühle anderer nehmen? Oder: Darf es ehrlich die Annahme verweigern? Und so der eigenen Enttäuschung Platz einräumen? Es wird deutlich, dass schon bei einem eigentlich positiven Ereignis die Emotionsregulation ein schwieriger Prozess sein kann.

Drei Ebenen der Regulation:

Das Ziel: **Was will ich erreichen?**	**Die Person:** **Um wen geht es?**	**Das Objekt:** **Worum geht es?**
Geht es um die Regulation der **eigenen Emotionen** oder um die Emotionen **anderer** Personen?	Reguliert die Person **sich selbst** oder werden die Emotionen **von anderen** Personen reguliert?	Worauf bezieht sich die Regulation? Sind es Gedanken, Überzeugungen oder das konkrete Verhalten in einer Interaktion?
Beispiel: Ein Säugling weint nachts. → Die Eltern wenden sich ihm zu, tragen das Kind herum und beruhigen es, sie unterdrücken den Frust über die gestörte Nachtruhe.		
Im Beispiel möchten die Eltern v. a. die Emotionen des Kindes beeinflussen und regulieren auch ihre eigenen Emotionen.	Im Beispiel regulieren sie ihr eigenes Verhalten und bemühen sich, die Emotionen ihres Kindes zu regulieren und sein Verhalten zu verändern.	Im Beispiel regulieren die Eltern ihre Gedanken und gestalten eine Interaktion.

Die Fähigkeit zur Regulation von Emotionen ist für das soziale Miteinander wichtig, denn nicht regulierte Emotionen können auf andere emotional verletzend oder auch provozierend wirken. Dabei können sowohl positive als auch negative Emotionen reguliert werden im Sinne einer Abschwächung oder Verstärkung.

Bedürfnisse

Für die sozial-emotionale Entwicklung ist die Erfüllung der kindlichen Bedürfnisse elementar wichtig. Man unterscheidet physische und psychische Bedürfnisse, deren zuverlässige Erfüllung gleichermaßen bedeutsam ist.

Zu den **physischen Bedürfnissen** gehören Schlaf, Nahrung, Körperpflege.

In den ersten Lebensjahren ist das Kind auf die Fürsorge durch Bezugspersonen angewiesen. Im Gegensatz zur Tierwelt dauert dieser Zustand eine verhältnismäßig lange Zeit.

Das Neugeborene ist überwiegend hilflos, zeigt aber (u.a. auch über angeborene Reflexe, wie Greifreflex und Hinwendreflex) ein Kontaktverhalten und **teilt sich mit,** indem es über Weinen/Schreien und Zufriedenheit sein (Un-)Wohlbefinden äußert.

Neben den physischen Bedürfnissen nach Nahrung, Schlaf, Körperpflege gehören zum Fürsorgeverhalten der Bezugspersonen auch

- Geborgenheit-Geben, dies geschieht durch Körperkontakt, Blickkontakt, Ansprache, sowie
- das erste Spiel im Sinne von Körperstimulation und Objektstimulation.

Dies befriedigt die **psychischen Bedürfnisse** nach: Eingebundensein, Kompetenzerleben, Autonomie.

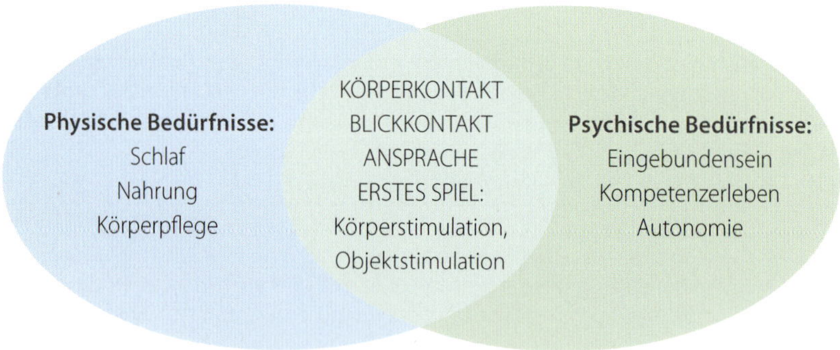

Das Kind braucht vertraute Personen, die durch **feinfühliges Verhalten** seine Signale deuten und angemessen reagieren, um sich eingebunden zu fühlen. Es braucht die Sicherheit, dass diese Personen zuverlässig wiederkommen. In den ersten Monaten lebt es in einer Art Symbiose zur Bezugsperson, die sich später zur bewussten **Bindung** hin verändert. Dies ist die Basis, auf der das Kind **erste sozial-emotionale Kompetenz** erlebt, im Sinne von „Ich werde verstanden, jemand deutet meine Signale richtig".

Darauf baut dann sein Explorationsverhalten auf: Nach und nach empfindet es erste **Selbstwirksamkeit**, wenn es die Bezugsperson durch sein Weinen „alarmieren" kann.

Und es **erlebt weitere Kompetenz,** wenn es eine Rassel, ein Glöckchen o. Ä. **durch seine Körperbewegung** auslösen kann und feststellt, dass ihm dies immer wieder gelingt.

Das Kind **erlebt erste Autonomie,** und auch Kompetenz, wenn ihm **erste Fortbewegung** gelingt und es diese zielgerichtet einsetzen kann. Mit den zunehmenden motorischen Fähigkeiten erweitert sich der Aktionsradius des Kindes.

ABER es kann diese „neue Welt" nur dann mutig erkunden, wenn es sich sicher fühlt. Dazu ist auf sozial-emotionaler Ebene ein Gefühl von Sicherheit nötig. Dies gibt eine zuverlässige Bezugsperson, die Platz lässt für eigenständiges Erkunden (Autonomie), aber stets als sicherer Hafen erreichbar ist, wenn das Kind sich überfordert fühlt.

MERKE

Fachkräfte in Krippen sollten die kindlichen Bedürfnisse in besonderer Weise beachten und sowohl **Sicherheit** als auch **Platz zum Explorieren** bieten. Dies kann über spezielle Eingewöhnungskonzepte (z. B. Berliner Modell) und verbindliche Zuständigkeiten (Bezugserzieher/-in) geschehen.

TIPP Körperstimulation

Beim Wickeln können kleine Spiele, z. B. ein Strampelvers, zu einem Ritual werden und dem Kind Vertrautheit, Anregung und Wohlbefinden vermitteln.

Erziehung

Eltern, Fachkräfte, Lehrkräfte und viele andere Personen (Freunde, Nachbarn, Trainer u.a.) erziehen das Kind bewusst oder unbewusst durch ihre Art des Umgangs mit dem Kind. Daher ist eine stetige **Reflexion des eigenen Verhaltens** der Fachkraft/Bezugsperson wichtig. Es lohnt ein Blick auf die Erziehungsstile und deren Auswirkungen auf die sozial-emotionale Entwicklung des Kindes.

Erziehungsstile

Nach Kurt Lewin	Nach Tausch und Tausch	Verhalten Erziehende	Verhalten Kind	Sozial-emotionale Auswirkungen
„autoritär" (unterdrückend, verlangt absoluten Gehorsam)	**„autokratisch"** (selbstherrlich, nur die eigene Meinung gilt)	Plant und bestimmt das Geschehen, gibt Anordnungen, Befehle, duldet keinen Widerspruch	Wenig Selbstständigkeit, Angst vor Strafe, Vermeidung, Heimlichkeiten, zeigt ähnliches Verhalten im Umgang mit anderen Kindern	Ängstliche Anpassung, Unterwürfigkeit oder Auflehnung, Aggressivität, Gebrauch von Lügen
„demokratisch"	**„sozial-integrativ"**	Partizipation, Diskussion, demokratische Strukturen	Vertrauen, Selbstständigkeit, Aushandeln von Regeln	Zeigt Empathie, Beachtung demokratischer Strukturen
„laissez-faire"	**„laissez-faire"**	Passivität, kaum Regeln	Grenzenloses Verhalten (oftmals Anecken bei der Umwelt), mangelnde Kooperation, egoistische Züge, Gleichgültigkeit, geringe Leistungsbereitschaft	Wenig Selbstbeherrschung, provokatives Verhalten; Probleme damit, soziale Regeln einzuhalten

Weitere Erziehungsstile	Verhalten Erziehende/ Erziehungsmaßnahmen	Verhalten Kind	Sozial-emotionale Auswirkungen
„Überbehütung“	Überwacht das Geschehen, ständige Ermahnung, Nachfragen zum Wohlbefinden, löst Probleme für das Kind	Wenig Selbstständigkeit, geringe Leistungsbereitschaft, kaum eigene Leistungen, starke Abhängigkeit vom Erziehenden	Gefühl von Hilflosigkeit, Minderwertigkeit, keine Möglichkeit zur Freude am eigenen Erfolg, erwartet Mitleid und Unterstützung durch andere
„Vernachlässigung“	Ablehnung ggü. Kind, initiiert keine Lernanreize, signalisiert kein Interesse, fehlendes Einfühlungsvermögen, straft (ggf. auch körperlich), kommt der Aufsichtspflicht unzureichend nach	Negatives Verhältnis zur Bezugsperson, Verhalten ist nicht altersangemessen	Geringes Selbstwertgefühl, sozial-emotionale Kompetenzen auf niedrigem Niveau
„autoritativ“	Gibt Orientierung, achtet auf Regeln, aber unterdrückt nicht; schafft Lernanreize. Es besteht ein guter Kontakt, schenkt Aufmerksamkeit	Orientiert sich am Erziehenden, hat Vertrauen, setzt sich mit Lernanreizen auseinander, entwickelt eigene Lösungen, bringt eigene Interessen ein	Verhandelt Grenzen, übernimmt soziale Regeln, empfindet Akzeptanz und Geborgenheit, realistisches Selbstwertgefühl

(in Anlehnung an: Kamende, 2019)

Die sozial-emotionale Entwicklung wird u. a. geprägt vom Erziehungsstil der Bezugspersonen, diese nutzen verschiedene Erziehungsmaßnahmen, die Auswirkungen auf die Entwicklung des Kindes haben. Das Kind wächst in diese Strukturen hinein und übernimmt sie. Es entwickelt entsprechend dem Erziehungsstil ein sozial-emotionales Verhaltensrepertoire.

Sozialisation – Hineinwachsen in die Gesellschaft

Ausgehend von einer sicheren Bindung an **zuverlässige Bezugspersonen,** die die Bedürfnisse des Kindes (er)kennen und erfüllen, wächst das Kind in seine „Welt" hinein. Zunächst vermitteln die ersten Bezugspersonen (meist die Eltern) Werte und Normen, die für ihre Kultur bedeutsam sind.

Im Lauf der ersten Jahre kommen viele **weitere Personen** dazu, die **„miterziehen",** und das Kind sammelt Erfahrungen und Wissen über Umgangsformen, Erwartungen an das Verhalten des Kindes. Es macht die Erfahrung, dass diese sehr verschieden und auch mal widersprüchlich sein können, z.B.:

- Vielleicht legen vor allem die Großeltern Wert auf eine förmliche Begrüßung.
- Eventuell mahnt ein Elternteil zur Ordnung und möchte die Spielsachen abends aufgeräumt sehen, während das andere Elternteil nicht nur das Kinderzimmer, sondern auch das Wohnzimmer zum Ort des längerfristigen Spielens freigibt, wo Aufgebautes auch stehen bleiben darf.

Kinder haben noch keinen Filter für angemessene und unangemessene Sozialisationsanforderungen, daher übernehmen sie (zunächst) **unreflektiert** die Werte und Normen, die sie erleben. Diese können aber auch negativ sein, wenn z.B.

- die Ablehnung fremder Kulturen vermittelt wird,
- Gewalt als probates Mittel zur Konfliktlösung eingesetzt wird,
- Rollen-Klischees weitergegeben werden.

Kinder brauchen **Orientierung an Wertmaßstäben**, um sozial-emotionale Kompetenzen entwickeln zu können, dies beinhaltet die **intrapersonale** und die **interpersonale Kompetenz.**

- Die intrapersonale Kompetenz beinhaltet die Fähigkeit des Kindes, sich selbst im Hinblick auf Emotionen, Denken und Handeln zu reflektieren.
- Die interpersonale Kompetenz bezieht sich auf Fähigkeiten auf zwischenmenschlicher Ebene, hier gilt es, Empathie, Demokratie und Solidarität einzubringen.

Beide Ebenen müssen in Einklang gebracht werden, denn sowohl der Mut, berechtigte Eigeninteressen durchzusetzen, als auch das Zurückstehenkönnen zugunsten anderer gehören dazu.

Kinder müssen erleben können, wie diese Werte gelebt werden, dazu brauchen Kinder einen **Erziehungsstil,** der Orientierung bietet *(autoritativ)* und Möglichkeiten für **Partizipation** (Teilhabe an Entscheidungsprozessen). Sie brauchen **verlässliche Regeln** und Grenzen, die sowohl einen Rahmen bieten, als auch Platz, um aktiv die **Welt zu erkunden.** Fehlverhalten sollte **logische Konsequenzen** nach sich ziehen und neue Chancen müssen gegeben werden. Im jeweiligen Ökosystem entwickeln sie dann idealerweise die folgenden Kompetenzen:

- Verständnis dafür, ein Teil der Welt zu sein,
- Selbstkontrolle,
- Selbstvertrauen,
- Selbstbewusstsein,
- Resilienz,
- Selbstwirksamkeit,
- soziale Integration und Übernahme von Wertenund Normen der Gesellschaft,
- Menschenliebe und Entwicklung von Wertschätzung und Empathie.

Resilienz

Dieser Begriff beschreibt die Fähigkeit, mit Krisensituationen des Lebens umzugehen, ohne Schaden dabei zu nehmen, also die Widerstandsfähigkeit von Kindern. Resilienz zeigt sich im Erkennen von Strategien zur Lebensbewältigung und der Ressourcenorientierung. Dabei ist Resilienz kein angeborener Faktor, sondern eine Fähigkeit, die sich entwickeln kann. Kinder, die unter schwierigen Rahmenbedingungen wie Armut, Vernachlässigung, Misshandlung oder familiärer Zerrüttung aufwachsen, müssen nicht zwangsläufig am Leben scheitern.

Im Wesentlichen bedingen folgende Faktoren die Widerstandskraft, die Resilienz:

Personale Ressourcen bei resilienten Menschen	**Gute Bedingungen im sozialen Umfeld**	**Erziehung, die Resilienz fördert**
Im Säuglingsalter Aktiv, liebevoll, sozial aufgeschlossen, anpassungsfähig, emotional ausgeglichen **Im Kleinkindalter** Selbstständiger, selbstbewusster und unabhängiger als Gleichaltrige **Im Schulalter** Gute Problemlösefähigkeiten, Kommunikationsfähigkeiten, positives Selbstkonzept, übernimmt Verantwortung (proaktiv)	**Interaktion** Mindestens EINE liebevolle Bezugsperson, konstante und kompetente Betreuung; Erfahrung von Akzeptanz, Geborgenheit, Anerkennung, Förderung; unbedingte (nicht leistungsorientierte) Liebe und Zuwendung	**Haltung** Wertschätzung ohne Vorbedingungen, Eigenwirksamkeit fördern, Interesse an Aktivitäten des Kindes zeigen, Selbstständigkeit unterstützen, es nicht vor Anforderungen bewahren, Stärken stärken & Schwächen schwächen; helfen, den Glauben an die Zukunft und Lebenslust zu entwickeln

Im Jugendalter	Soziales Umfeld	→ Im Ergebnis erhalten Kinder:
Hohe Sozialkompetenz, Verantwortungsgefühl, Selbstständigkeit, Zielorientierung, hohe Konfliktlösekompetenz, Hilfsbereitschaft, Empathie; Handeln ist von Zuversicht geprägt	Unterstützende Geschwisterbeziehungen, familiärer Zusammenhalt, Freundschaften, Einbindung in soziale Netzwerke und religiösen Glauben, positive Erfahrungen in Bildungseinrichtungen, niedrigschwellige Unterstützung	• Aufmerksamkeit (sie dürfen sich bedeutsam fühlen) • Mut zugesprochen • Modelle für konstruktive Bewältigungsstrategien • Modelle für prosoziale Verhaltensweisen

MERKE

Pädagogische Fachkräfte sollten ihr Handeln und die Gestaltung von pädagogischen Situationen anhand dieser Punkte reflektieren und entsprechend gestalten, damit leisten sie einen wertvollen Beitrag zur Förderung von Resilienz.

Theorien und Modelle zur sozial-emotionalen Entwicklung

Bindungstheorie (Bowlby & Ainsworth)

John Bowlbys Bindungsforschung zeigt, dass die Entwicklung eines Kindes in besonderem Maß abhängig ist von einer gelungenen Bindung.

Nach Bowlby ist Bindung beim Säugling genetisch bedingt, das Baby kann durch sein Verhalten mit Weinen und Klammern auch aktiv auf sein Bedürfnis nach Nähe zu einer Bindungsperson aufmerksam machen. Eine sichere Bindung stellt sich ein, wenn die Bindungsperson dem Kind das **Gefühl von Sicherheit, Schutz und Vertrauen** geben kann. Dazu bedarf es einer verlässlichen Beziehung zwischen Bindungsperson und Kind, in der das – zunächst noch recht hilflose – Kind eine zuverlässige, feinfühlige Reaktion auf seine Bedürfnisse erfährt.

Zuerst sollten es wenige Personen sein, mit denen diese tiefe Bindung eingegangen wird (z. B. Eltern). In aller Regel ist die Mutter die erste Bindungsperson, da sie meist viel Zeit mit dem neugeborenen Kind verbringt. ABER: Nicht die genetische Verbindung ist entscheidend, auch ein Adoptivkind kann eine sichere Bindung zur Adoptivmutter aufbauen, sofern die Bindung in den ersten Lebensmonaten des Kindes aufgebaut werden kann.

Erst mit einer gelungenen sicheren Bindung werden **Neugier und Explorationsverhalten** möglich. Ohne Bindung beginnt ein Kind nicht eigenaktiv mit der Erkundung der Umwelt, Neues wirkt verunsichernd. Die Kontaktfähigkeit und das Selbstbewusstsein entwickeln sich nur eingeschränkt. Damit ist die Bindung für die *sozial-emotionale Entwicklung* von entscheidender Bedeutung.

> **MERKE**
> Auch pädagogische Fachkräfte sind Bindungspersonen: Kinder verbringen in der Regel einen Großteil ihres Tages in pädagogischen Einrichtungen (Kitas u. a.). Hier brauchen sie eine Person ihres Vertrauens, um die Bildungsmöglichkeiten der Einrichtung in vollem Umfang nutzen zu können. In besonderem Maß gilt dies für Kleinkinder, die eine Krippe besuchen.

Bindungstypen nach Bowlby u. a.

Sicher-gebundene Kinder: Diese Kinder haben in ihrem Leben erfahren, dass ihre Bedürfnisse zuverlässig erfüllt werden und ihre Bezugspersonen sich ihnen gegenüber liebevoll und feinfühlig verhalten. Das Verhältnis ist geprägt von bedingungsloser Liebe, großer Zuneigung und Vertrauen. Aus dieser sicheren Basis heraus erkunden sie selbstbewusst, unbefangen und furchtlos die Welt (Exploration) und suchen bei Unsicherheiten vertrauensvoll die Nähe. Verhalten: freundlich, ausgeglichen, neugierig und gute Konzentration
Unsicher-vermeidend gebundene Kinder: Diese Kinder erfahren immer wieder, dass ihre Wünsche nach Nähe und persönlicher Zuwendung zu wenig erfüllt werden. Sie empfinden, dass ihre Wünsche oft auf Ablehnung stoßen und ihnen kein Anspruch auf Liebe und Unterstützung zusteht. Sie versuchen, von anderen Menschen unabhängig zu werden und unterdrücken ihre Bedürfnisse nach Kontakt, Nähe und Zuwendung. Sie vermeiden Situationen, in denen sie mit emotionalen Bedürfnissen auf Ablehnung stoßen könnten. Verhalten: häufig sehr vernünftig und selbstständig, anpassungsbereit und unauffällig
Unsicher-ambivalent gebundene Kinder: Diese Kinder haben die Erfahrung großer Unstetigkeit von Seiten ihrer Bezugspersonen gemacht. Sie erlebten sowohl die liebevolle Zuneigung und die feinfühlige Erfüllung ihrer Bedürfnisse als auch Missachtung, Ignoranz, Zurückweisung und Kränkung. Es gibt wenig Sicherheit und sie sind „immer auf der Hut", denn sie müssen sich deutlich mit ihren Bedürfnissen in Erinnerung bringen, doch es besteht keine Sicherheit hinsichtlich deren Erfüllung. Verhalten: häufig übermäßig anhänglich mit Trennungsangst, auch Ärger auf die Bezugspersonen, was neue Konflikte beinhaltet

(Strodtmann, in Jeannot u. a., 2014, S. 96)

Später ergänzten Main, Solomon & Brazelton zusätzlich den Bindungstyp **„desorganisiert-desorientiert gebundene Kinder"**, das auf dem undurchschaubaren und wandelnden Verhalten der Bezugsperson begründet ist (zwischen Zuwendung und Ablehnung). Diese Kinder reagieren widersprüchlich: teils Suchen nach Nähe, teils Ablehnen von Kontakt.

Psychosoziale Stadien nach Erikson

Erik Erikson (1902 – 1994) beschreibt acht psychosoziale Stadien, die ein Mensch im Laufe seines Lebens durchläuft. Er nennt diese Phasen **Entwicklungsaufgaben** und beschreibt die Anforderungen als (Lebens-)Krisen, die es zu bewältigen gilt. Das erfolgreiche Durchlaufen einer Phase erhöht das Wohlbefinden und das Vertrauen in die eigene Kompetenz und ermöglicht den Aufstieg in die nächsthöhere Stufe.

Durchläuft man eine Phase nicht erfolgreich, so gefährdet das die Bewältigung weiterer Entwicklungsaufgaben. Die ersten vier Phasen beschreiben die Entwicklungsaufgaben im Kindesalter bis zur Pubertät.

In der ersten Phase sollte das Kind idealerweise ein grundlegendes Gefühl von Sicherheit entwickeln können, hier ist es auf primäre Bezugspersonen angewiesen, die seine körperlichen und psychischen Bedürfnisse fürsorglich erfüllen (vgl. Bindungstheorie).

Die zweite Phase beinhaltet die Entwicklung von Autonomie und Kompetenz. In der 3. und 4. Phase geht es um die Entwicklung von Selbstbewusstsein und Selbstwertgefühl. Zur gelingenden Entwicklung dieser Eigenschaften braucht das Kind Aufgaben, die es erfolgreich bewältigen kann, sowie die Anerkennung seiner Leistungen durch Personen im Umfeld.

Nach Erikson kommen die Entwicklungsaufgaben aus drei Quellen:

Körperliche Reifungsprozesse: Das Kind lernt, seine zunehmenden körperlichen Fähigkeiten zu nutzen.

Beispiel: Krabbeln. Aus ersten Versuchen und Misserfolgen entwickelt es eine sichere, zielgerichtete Fortbewegung und hat auch den Mut/das Vertrauen, die „Welt" zu erkunden.

Gesellschaftliche Erwartungen: Das Kind soll in Kita und Schule zurechtkommen, sowohl im Umgang mit anderen als auch mit Leistungsanforderungen.

Beispiel: Malen/Schreiben. Die Bilder/Schriftstücke sollen im Altersvergleich standhalten können und in angemessener Zeit erledigt werden können. Dabei „bewerten" nicht nur die anderen, sondern auch das Kind selbst sein Können/seine Fähigkeiten. Es entwickelt ein (hoffentlich!) positives Selbstbild, aber auch Frustrationstoleranz, weil es feststellt, nicht immer Erster/Bester sein zu können.

Individuelle Ziele: Das Kind möchte Autonomie und Kompetenz erleben, dazu möchte es eigene Ziele selbstständig erreichen („Trotzphase"/Autonomiealter).

Beispiel: Schuhe selbst anziehen. Hier kann es zu starken Emotionsausbrüchen kommen, wenn das Kind nicht in der von ihm erwarteten Weise zurechtkommt, weil z. B. das Zubinden der Schuhe noch gar nicht gelingen kann. In dieser Phase ist es sinnvoll, Schuhe zur Verfügung zu stellen, mit denen es tatsächlich allein zurechtkommt (Klettverschlüsse, Gummistiefel o. Ä.).

Psychosoziale Stadien nach ERIKSON

Ungefähres Alter (in Jahren)	Krise	Angemessene Lösung	Unangemessene Lösung
0 – 1,5	Vertrauen vs. Misstrauen	Stabiles Gefühl der Sicherheit	Unsicherheit, Angst durch Vernachlässigung
1,5 – 3	Autonomie vs. Selbstzweifel	Selbstwahrnehmung als Handelnde/r, kontrolliert den Körper und verursacht Ereignisse	Zweifel an Fähigkeit, Ereignisse zu kontrollieren
3 – 6	Initiative vs. Schuldgefühl	Vertrauen auf eigene Initiative und Kreativität durch Neugierde	fehlendes Selbstwertgefühl; Schuldgefühl durch Verbote
6 – Pubertät	Kompetenz vs. Minderwertigkeit	Vertrauen auf eigene soziale und intellektuelle Fähigkeiten, Stolz	Mangelndes Selbstwertgefühl, Gefühl des Versagens
Adoleszenz	Identität vs. Rollendiffusion	Rolle in der Gesellschaft, entspanntes Erleben des Selbst	Das eigene Selbst wird als bruchstückhaft und diffus wahrgenommen
Frühes Erwachsenenalter	Intimität vs. Isolation	Fähigkeit zur Nähe und Bindung an andere	Gefühl der Einsamkeit, Leugnung des Bedürfnisses nach Nähe
Mittleres Erwachsenenalter	Generativität vs. Stagnation	Über die eigene Person hinaus Sorge um Familie, Gesellschaft, künftige Generationen	Hedonistische (= an materiellen Dingen ausgerichtete) Interessen; fehlende Zukunftsperspektive
Seniorenalter	Ich-Integrität vs. Verzweiflung	Gefühl der Ganzheit, grundlegende Zufriedenheit mit dem Leben	selbstbezogene Interessen; „Midlife-Crisis"

Moralentwicklung nach Piaget

Ein wichtiger Teilbereich der sozial-emotionalen Entwicklung ist die Moralentwicklung, sie betrachtet die Verinnerlichung von grundlegenden **sozialen Normen und Regeln.** Auch dies geschieht im sozialen Austausch und befähigt das Kind zur Emotionsregulation und ist ein wichtiger Baustein seiner Sozialisation.

Die Werte, die dabei vermittelt werden, sind durchaus verschieden, sie haben ihren Ursprung in den Bewertungsmaßstäben und Bewertungsgrundlagen der Familie, ihrem sozialen Umfeld, ihrer Kultur und ggf. ihrer Religion. Am Beispiel der Religion wird deutlich, dass unterschiedliche Glaubensgrundsätze und Verhaltensweisen gelten.

Die westliche Gesellschaft ist überwiegend bestimmt von einer starken Leistungsorientierung („man muss etwas verdient haben") und der Betonung von Individualität vor Gemeinschaftsdenken. Diese Haltung übernehmen Kinder und daraus entwickeln sich moralische Werte und Einstellungen. Sie werden überdacht und ggf. in Frage gestellt, wenn sie anderen moralischen Vorstellungen gegenüberstehen.

Jean Piaget beschreibt die moralische Entwicklung in drei Stufen, er ordnet sie keinem bestimmten Entwicklungsalter zu, sondern beschreibt eine Reihenfolge, die aufeinander aufbaut (Stufenmodell):

Stufe	Denkweise	Beispiel
Vormoralische Stufe	Orientierung ausschließlich an den eigenen Interessen und Bedürfnissen bzw. drohenden Strafen, kaum Moral/kaum Gewissen.	„Schlagen darf man nicht, weil man dafür bestraft wird."
Fremdbestimmte Stufe	Orientierung an dem, wie bekannte Personen handeln würden. Was sie gut finden, ist erlaubt, was sie ablehnen, ist verboten.	„Schlagen darf man nicht, weil die Eltern es ablehnen."
Selbstbestimmte Stufe	Die Beurteilung von Entscheidungen richtet sich nach dem eigenen Gewissen und der verinnerlichten Moral.	„Schlagen darf man nicht, denn wenn das jeder täte, wäre jeder ständig in Gefahr und es gäbe niemals Frieden."

Eine verinnerlichte Moral beinhaltet, dass man Schuldgefühle empfinden kann und selbstkritisch mit Reue oder Scham reagiert und das Verhalten zukünftig verändert. Man kann auch unter Vorwegnahme dieser Empfindungen im Vorfeld entscheiden, eine Sache zu unterlassen (z. B. Lügen, Stehlen, Mobben).

Zur Moralentwicklung gehört gleichfalls, auf der Grundlage des verinnerlichten Wissens über das eigene oder fremde Verhalten urteilen zu können.

Die Moralentwicklung wird beeinflusst vom Umfeld und von Persönlichkeitsfaktoren.

Man differenziert **drei Kriterien der reifen Moral:**

- Internalisierung (Verinnerlichung) von Normen
- Gerechtigkeitsempfinden
- Zurückstellen-Können eigener Bedürfnisse

Moralentwicklung nach Kohlberg

L. Kohlberg hat die Moralentwicklung in einem Stufenmodell beschrieben. Er unterteilt in drei Stufen, die jeweils zwei Unterstufen beinhalten. Nach Kohlberg ist die Moralentwicklung ein lebenslanger Prozess und nur wenige Menschen erreichen die sechste Stufe.

Kohlbergs Modell ist nicht unumstritten, es gibt Kritiker, die ihm an verschiedenen Stellen wissenschaftliche Ungenauigkeiten vorwerfen (z. B. zu wenig geschlechtsspezifische Forschung, Kritik an Alterseinteilung). Dennoch zeigt Kohlbergs Modell in dem Bereich der kindlichen Entwicklung sehr anschaulich, wie sich die kindliche Moral entwickelt.

Auf der 1. und 2. Stufe steht noch das **Selbstinteresse des Kindes** im Zentrum seines Handels:

Zunächst richtet es sich nach Verboten von Autoritäten, in Stufe 2 handelt es nach eigenen Interessen ➔ **präkonventionelle Ebene.**

Nach Kohlberg wäre damit das im Fokus des Buches stehende Alter (0–10 Jahre) schon erklärt. Allerdings zeigen auch jüngere Kinder schon Verhalten der Stufe 3 und 4, z. B. dann, wenn sie sich hilfsbereit zeigen („ich helfe dir, den Einkauf einzuräumen") oder auf geltende Regeln beharren („nur bei Grün über die Straße gehen"). Damit ist das Kind bereits in der ➔ **konventionellen Ebene.**

Darauf folgt im Erwachsenenalter die **postkonventionelle Ebene.**

Stufe	Moralische Erkenntnis	Handeln	Beispiele
Präkonventionelle Moral (Ebene des Selbstinteresses)			
1	**Gehorsam oder Strafe** Die Reaktion von Autoritäten bestimmen, was GUT oder BÖSE ist.	Das Kind folgt Regeln und Autoritäten, ohne diese zu hinterfragen, zur Vermeidung von Strafe.	**„Wer nicht hören kann, muss fühlen."** Verbot: „Ich darf nicht an die Stereoanlage, weil Papa dann mit mir schimpft." Aber auch vermeintliches Gebot: „Mein großer Bruder hat gesagt, ich soll das* tun." (*aufs Dach klettern, mit Steinen werfen o. a.)

2	**Instrumenteller Zweck und Austausch** Eigene Interessen bestimmen, was als GUT oder BÖSE eingeordnet wird.	Das Kind handelt im Sinne konkreter Tauschgeschäfte, die es selbst als „fair" empfindet.	**„Wie du mir, so ich dir!"** Ob freundlich das Spielzeugauto getauscht wird oder mit Sand aufeinander geworfen wird, alles geschieht unter der Maßgabe: „Der/die hat mir aber auch …"
Konventionelle Moral (Ebene der sozialen Regeln)			
3	**Streben nach sozialer Anerkennung** Ein „gutes" Kind/ein „guter" Freund sein	Das Kind stellt eigene Interessen zurück, zugunsten gemeinsamer Gefühle, Übereinkünfte und Erwartungen in Bezug auf Familie und Freunde. Familie und Freundschaft sind wichtigster Wert, es möchte Zuneigung und Wertschätzung bewahren.	**„Was du nicht willst, dass man dir tu, das füg auch keinem anderen zu."** Das Kind folgt Regeln und Erwartungen, schenkt Vertrauen, zeigt Loyalität und empfindet Respekt und Dankbarkeit. Es bringt sich positiv ins Familienleben ein, z. B. durch Mithilfe im Haushalt, dafür möchte es Anerkennung erhalten. Es verzichtet möglichst auf Gewalt bei Konflikten.
4a	**Anerkennung des sozialen Systems und Wahrung des Gewissens**	Das Kind achtet auf die Einhaltung von gesellschaftlichen Regeln und Gesetzen und empfindet ein schlechtes Gewissen bei Übertretung.	**„Gleiches Recht für alle."** Das Kind erwartet von Freunden, Eltern, Lehrkräften u. a. ein konsequentes Verhalten und moniert Ungleichbehandlung. Es hat Verpflichtungen verinnerlicht, z. B. regelmäßiger Schulbesuch. Es achtet Gesetze: kein Diebstahl.
4b	**Kenntnis von Regeln, aber Umwandlung nach eigenem Ermessen**	Das Kind setzt Regeln für sich außer Kraft.	z. B. provokatives Schuleschwänzen, Stehlen, weil das eigene Geld nicht ausreicht, Lügen zum eigenen Vorteil, ohne schlechtes Gewissen

Umsetzung in die Praxis

Übersicht: Phasen der sozial-emotionalen Entwicklung

Die Sozialentwicklung					
Beziehung zu Erwachsenen	Kindchenschema	Bindungsverhalten auf Bezugspersonen gerichtet	1. Ablöseprozess: Kind wendet sich anderen Personen zu	Kindergarten & Schule: Soziales Bezugsystem wird erweitert	Emotionale Ablösung von den Eltern
Beziehung zu Erwachsenen	Bevorzugte Wahrnehmung sozialer Signale	Fremdeln	Entdeckung der eigenen Person	Kinderpfleger/Erzieher/Lehrer als neue Bezugsperson	Konflikte im Elternhaus
Beziehung zu Erwachsenen	Bindungsverhaltensweisen	Trennungsangst	„Trotzphase" Autonomiealter		
Beziehung zu Gleichaltrigen	Babys schreien, wenn andere Babys schreien	Lachen sich zu und fassen sich an	Alleinspiel/Parallelspiel	Partnerspiel/gemeinsames Spiel: Rollenspiel	Probleme werden nur mit Freunden diskutiert
Beziehung zu Gleichaltrigen				Auseinandersetzungen & Konflikte → neue Lösungsstrategien	
Beziehung zu Gleichaltrigen				Selbstbild durch Vergleich mit anderen	

Geburt – 6 Monate – 1 Jahr – 18 Monate bis 3 Jahre – 4 bis 6 Jahre – ab 12 Jahre

(Kindererziehung.com/ V. Fischer, 2016)

Förderung der sozial-emotionalen Entwicklung

Wie können Fachkräfte und Bezugspersonen die sozial-emotionale Entwicklung positiv begleiten? Am wichtigsten ist es, **Zeit für das Kind zu haben.** Dabei spielt nicht die wirkliche Zeitdauer die größte Rolle, sondern die echte Aufmerksamkeit, die dem Kind entgegengebracht wird. Es sollte nicht nebenbei abgehandelt oder ständig vertröstet werden, sondern bewusst wahrgenommen in seinen individuellen Bedarfen *(verlässliche Bezugsperson sein).*

Weiterhin ist eine **angemessene Partizipation** bedeutsam. Kinder sollen beteiligt werden, nicht nur an Wahlentscheidungen (wie „Willst du lieber den blauen oder den roten Pullover anziehen?"), sondern auch an den Tätigkeiten des Lebens (kleine Beteiligungen an Haushaltstätigkeiten), denn das stärkt das Gefühl von Sebstwirksamkeit *(Kooperationspartner sein).*

Das Lernen des Kindes sollte von Fachkräften und Bezugspersonen **interessiert und wohlwollend begleitet** werden, aber nicht vorweggenommen oder unnötig eingeschränkt werden, also bewusste **Ko-Konstruktion** *(Lernbegleiter sein).*

Erfolge, aber auch Enttäuschungen sollen eine angemessene Beachtung finden durch **Lob bzw. Mitgefühl und Ermutigung** *(empathisch sein).*

Regeln des Zusammenlebens mit Menschen und Natur sollen **authentisch** vermittelt werden *(Vorbild sein).*

Auch bei den besten Erziehungsabsichten sind **Enttäuschungen und Konflikte unvermeidlich,** sie gehören zur sozial-emotionalen Entwicklung. „Wer nie enttäuscht wurde, hat auch nicht lernen können, wie es danach weitergehen kann." Somit sind auch diese Erfahrungen lebenswichtig. Entscheidend ist ein **konstruktiver Umgang:** das Abwägen von Möglichkeiten und neue Chancen zum besseren Handeln.

Übrigens: Man verliert als Fachkraft oder Bezugsperson nicht sein Gesicht, wenn man mal unangemessen gehandelt hat. Man gewinnt Größe, wenn man das Fehlverhalten einräumt und sich entschuldigt.

ABER ACHTUNG, „die Dosis macht das Gift": Eine Erziehung ohne Grenzen, ewiges Diskutieren, unnötiges Beharren und immerwährendes Entschuldigen und Geloben von Besserung ohne Veränderung sind Gift für die sozial-emotionale Entwicklung eines Kindes.

Insgesamt gilt die sogenannte **doppelte Vermittlungspraxis,** dies bedeutet, die Verhaltensweisen und Werte, die man vermitteln möchte, nicht nur zu „predigen", sondern vorzuleben. Als Vorbild für Kinder muss man authentisch sein, denn Kinder erfassen sehr schnell eine eventuelle Diskrepanz zwischen Reden und Handeln.

Entwicklungsförderung

Themen und Tipps

Im ersten Lebensjahr	Als Bezugsperson verlässlich da sein und feinfühlig auf die Signale des Kindes reagieren. Interaktion anbieten ➔ Bindung entsteht.
Im zweiten Lebensjahr	Platz lassen für die sich entwickelnden Fähigkeiten des Kindes, aber als „sicherer Hafen“ und Interaktionspartner zur Verfügung stehen.
Im dritten Lebensjahr	Den Autonomiebestrebungen des Kindes gelassen begegnen, es hat nicht die Absicht, Sie zu ärgern, sondern möchte selbsttätig sein und kommt dabei an seine entwicklungsbedingten Grenzen.
Im vierten Lebensjahr	Selbstständigkeit fördern. Rollenspiel ermöglichen. Bei Kinderkontakten und -konflikten den Perspektivwechsel anbahnen: Wie würdest DU an der Stelle des anderen Kindes empfinden?
Im fünften Lebensjahr	Vielfältige Aktivitäten ermöglichen (Kreativität, Kultur, Natur, Technik) und besondere Interessen des Kindes wahrnehmen, wertschätzen und möglichst auch fördern. Achtsamen Umgang mit Ressourcen üben. Selbstreflexion anregen: Was macht mir Spaß? Was kann ich gut? Was strengt mich an? ➔ Es geht nicht um Vermeidung von Anstrengung, sondern um Entwicklung von Anstrengungsbereitschaft/Motivation.
Im sechsten Lebensjahr	Konzentrationsfähigkeit und Ausdauer bei Aufgaben stärken. Gruppenintegration fördern, Freundschaften pflegen.
Im siebten Lebensjahr	Einen Platz in der Schule/Klasse einnehmen. Sich auf schulisches Lernen einlassen können.

Magische Phase

In der Entwicklung eines Kindes tritt die sogenannte magische Phase auf, in der leblose Dinge „belebt"werden. Ob Teddy oder Auto, alles kann in der Fantasie menschliche Verhaltensweisen übernehmen, z. B. der Teddy spricht, das Auto guckt. Für Kinder ab etwa dem 3. Lebensjahr sind diese Fantasien sehr real. Die Fantasie erweitert ihr Erleben und bereichert ihr Spiel, so können sie problemlos alle möglichen Szenarien enwicklen. Allerdings können sie noch nicht sicher zwischen Wunsch/Fantasie und Wirklichkeit unterscheiden und werden noch sehr von ihren Gefühlen überwältigt. Zudem erleben sie durch ihre Autonomiebestebebungen in diesem Alter Grenzen, weil nicht jeder Wunsch umsetzbar ist.

Die sich daraus ergebenden Konflikte mit Bezugspersonen führen zur Erkenntnis, dass es auch „Böses" gibt. So kann es in diesem Alter zu starken Ängsten, beispielsweise vor Ungeheuern unterm Bett, kommen oder imaginäre Wesen leben mit im Haus.

Die magische Phase ist eine wichtiger Entwicklungsschritt und Fachkräfte/Bezugspersonen sollten das Kind dabei aktiv begleiten:

Märchen- und Monstergeschichten sind von großem Interesse.

Wichtig ist, dass sie gut ausgehen und **das GUTE über das Böse siegt.**

Ängste vor Ungeheuern sollten ernst genommen werden.

Das Kind sollte mit der Hilfe von Erwachsenen erfahren, dass die Überwindung einer Angst das Selbstvertrauen stärkt.

Auch Rituale können in beängstigenden Situationen helfen (z. B. die Monster unterm Bett werden rausgekehrt, ein Traumfänger schützt das Kind, ein Kuscheltier wacht, während es schläft, ein Talisman begleitet es am Tag).

Tatsächlich ist dies eine wichtige Entwicklungsphase und **das Kind erlebt und erlernt Empathie** durch die liebevolle Unterstützung von Erwachsenen.

Risikofaktoren und Probleme in der sozial-emotionalen Entwicklung

Die sozial-emotionale Entwicklung wird nachhaltig beeinträchtigt, wenn ein Kind ungünstigen Entwicklungsbedingungen ausgesetzt ist. Wenden Sie sich bei Verdacht an die entsprechenden Fachstellen und lassen Sie sich beraten, denn dem Kind hilft weder eine übereilte Reaktion noch ein langes Ignorieren.

Problemverhalten beim Erziehenden	Mögliche Folgen
Unzuverlässige Bezugspersonen, die die Bedürfnisse des Kindes nicht wahrnehmen	➔ Das Kind erfährt keine Bestätigung im Sinne von Verstanden-Werden, es gibt sich auf (Hospitalismus) oder wird distanzlos auf der Suche nach Bindung.
Härte und extreme Strenge in der Erziehung	➔ Das Kind entwickelt Ängste und zeigt ein unterwürfiges Verhalten.
Ablehnung und Ignorieren des Kindes	➔ Das Kind entwickelt kein Selbstwertgefühl, weil es sich nicht als erwünscht oder bedeutsam wahrnehmen kann.
Völlige Entscheidungsfreiheit beim Kind	➔ Das Kind wird egozentrisch, es entwickelt keine Empathie.
Überbehütung	➔ Das Kind entwickelt wenig Selbstvertrauen, es fühlt sich stets abhängig von anderen.
Stark wechselndes Handeln, überschwängliche Aufmerksamkeit im Wechsel mit Ignoranz oder Aggressivität	➔ Das Kind reagiert vorsichtig und misstrauisch, weil es nicht einschätzen kann, welches Verhalten unmittelbar bevorsteht.
Misshandlung und Missbrauch	➔ Das Kind fühlt sich ohnmächtig, der Willkür anderer ausgeliefert, möglicherweise übernimmt es dieses Handeln.
Emotionales Manipulieren, übertriebene Enttäuschung v. a. bei nicht genügend erfüllten Leistungsanforderungen durch das Kind, ständige Forderung nach Rücksichtnahme, Drohung von Weggang	➔ Das Kind passt sich sehr an („kleiner Erwachsener"), denn es will die Bezugsperson nicht enttäuschen, es hat aber keinen Platz für eine angemessene ICH-Entwicklung.

Problemverhalten des Kindes	Mögliche Ursachen	Lösungsideen
Aggressive Kontaktaufnahme, z. B. zerstört das Spiel anderer Kinder, zeigt sich laut und störend	Positives/angepasstes Verhalten wird nicht mit der entsprechenden Aufmerksamkeit seitens der Bezugspersonen wahrgenommen. Reaktion nur dann, wenn Maßregelungen und Sanktionen erfolgen müssen. Kind sehnt sich nach Aufmerksamkeit und nimmt negative Aufmerksamkeit eher hin als Ignoranz.	Balance zwischen Lob und Grenzsetzung finden. Sehr bewusst schon das angepasste Verhalten wahrnehmen und loben, und nicht erst aufmerksam werden, wenn das Kind stört.
Ruppiges Verhalten/ zimperliches Verhalten	Eine Wahrnehmungsstörung lässt ein Kind rücksichtslos und grob erscheinen, es agiert im Kontakt mit anderen zu heftig/intensiv. Ursache ist die untersensible taktile Wahrnehmung, mit geringem Schmerzempfinden. Umgekehrt kann eine Übersensibilität dazu führen, dass taktile Reize schmerzhaft wirken.	Sensorische Diagnostik und Förderung anbahnen.
Erpressen/Manipulieren mit Emotionen	Kind hat diese Strategie als erfolgreich gelernt, dies passiert v. a. dann, wenn das Kind oft mit materiellen Dingen belohnt wird.	Vorsicht mit materiellen Belohnungen, sie erzeugen eine Erwartungshaltung. Echte Aufmerksamkeit schenken.
Altersunangemessenes, sexualisiertes und übergriffiges Verhalten	Eigene Gewalt- oder Missbrauchserfahrungen	Kontaktaufnahme zu entsprechenden Fachstellen
Auffällige psychische Veränderungen, z. B. plötzliche Traurigkeit, Teilnahmslosigkeit, Verschlossenheit oder besondere Suche nach Nähe	Akute Probleme in der Familie • Trennung der Eltern • Krankheiten, Binderungen, Pflegebedürftigkeit von Angehörigen • Tod von Angehörigen	Sensible Wahrnehmung der Thematik, Elterngespräche, Fachinfos einholen, Unterstützungsangebote (Selbsthilfegruppen) einbeziehen.

1 ENTWICKLUNG NACH ALTERSSTUFEN

Vorgeburtliche Erfahrungen und Geburt

Auf sozial-emotionaler Ebene könnte die **vorgeburtliche Entwicklung** ein „paradiesischer Zustand" sein, wenn alle Parameter stimmen: Das Ungeborene muss keine Mangel empfinden, Hunger tritt nicht auf, die Temperatur ist gleichbleibend, Geräusche sind gedämpft und Lichtreize sind nicht störend. Aber nicht jede Schwangerschaft verläuft unproblematisch und das Ungeborene erlebt auch Emotionen im Mutterleib, nämlich die Gefühlszustände der Mutter, und da diese mit der Ausschüttung von Hormonen, Neurotransmittern und mit physiologisch messbaren Veränderungen (schneller Herzschlag, Atemnot) einhergehen, wirken sie unmittelbar auf das Ungeborene.

Mit der Geburt werden erste Ausdrucksformen von Emotionen angewandt: Das Neugeborene schreit – es schreit, um seine Lunge zu entfalten und zu atmen, aber es schreit möglicherweise auch, weil es die veränderten Lebensbedingungen als nicht angenehm empfindet. Das Licht ist greller, die umgebende Temperatur ist kälter, die Geräusche sind fremd.

Das Schreien als erster Emotionsausdruck ist in der Evolution der Menschen auch ein Überlebenssignal: Ein schreiendes Kind erfordert Aufmerksamkeit. Das Schreien wird nicht gleichgültig ausgehalten und unter normalen Bedingungen auch nicht bestraft, sondern es erfolgt eine Reaktion des Gegenübers, das versucht, Zufriedenheit herzustellen. Bezeichnenderweise wird die anfangs zumeist verwendete Reaktion sein: *Das Kind wird gestillt.* Mit diesem Wort wird nicht nur die Nahrungsaufnahme, sondern das gesamte Setting beschrieben, das eine Bedürfnisbefriedigung nach Nahrung und Nähe/Geborgenheit beschreibt.

Nicht immer ist dann tatsächlich der Hunger das Problem und mit der Geburt des Kindes beginnt die Suche nach angemessenen Reaktionen auf die Gefühlsäußerungen des Kindes. Es beginnt die *Ausgestaltung von Beziehung(en)*, denn das Kind wird in aller Regel nicht nur von einer Person betreut. *Interaktion* beginnt und das Neugeborene ist darauf ausgerichtet, in Beziehung zu treten. Es stellt seine Befindlichkeit mit den (zunächst nur wenigen) ihm zur Verfügung stehenden Mitteln dar und regt damit die Kontaktaufnahme an.
Natürlich weckt auch das kindliche Aussehen im Regelfall Interesse und löst fürsorgliche Zuwendung beim Gegenüber aus. Studien belegen, dass dies altersübergreifend und kulturbergreifend geschieht (Kindchenschema).

Überblick über die Entwicklung der Emotionen in den ersten Lebensjahren (nach Lewis, 1989)

Primäre Emotionen
Freude (ab 4.–6. Woche) ➔ soziales Lächeln Furcht/Angst (ab 7.–8. Monat) Ärger (ab 2.–4. Monat und sicher ab 7. Monat) Traurigkeit (ab 2.–4. Monat) Ekel (von Geburt an) Überraschung (von Geburt an ➔ Reflex; bewusst: ab 6 Monaten ➔ Objektpermanenz, Erwartungen an vorsehbare Abläufe)
↓ ↓ ↓ ↓ ↓ Kognitive Fähigkeiten der Selbstreferenz (ab 15–24 Monaten) ↓ ↓ ↓ ↓ ↓
Selbstbewusste Emotionen 1
Verlegenheit Neid
↓ ↓ ↓ ↓ ↓ Kognitiver Erwerb sozialer Normen & Regeln des Verhaltens ↓ ↓ ↓ ↓ ↓
Selbstbewusste Emotionen 2
Stolz Scham Schuld

1. Lebensmonat

Wahrnehmung und Ausdruck eigener Bedürfnisse

Emotionsdifferenzierung/Emotionsregulation

Wahrnehmung des eigenen Körpers in Bezug auf z.B.: taktile Reize (Berührungen, Nähe, Wärme)
Wahrnehmung der eigenen Körperfunktionen, Befindlichkeit: z.B. Hunger, Bauchschmerz
Wahrnehmung der näheren Umgebung: z.B. Sinneseindrücke, Licht, Geräusche, Stimme der Bezugsperson
Wahrnehmung und Emotion sind eng verbunden, körperliche Mangelzustände wie Hunger oder Bauchweh äußert das Kind durch Schreien. Die ersten Emotionen (Erregung, Freude – zuerst nur als Zufriedenheit –, Angst) stehen in engem Zusammenhang mit der Regulation physiologischer Bedürfnisse, dazu benötigt das Kind zuverlässige empathische Bezugspersonen.

Soziale Prozesse

Interaktion/soziale Kognition

Das Baby kann eigenaktiv noch wenig für sich tun, es zeigt seine Befindlichkeit jedoch an durch körperliche Unruhe und Unmutsäußerungen, sowie durch wache Zufriedenheit und Schlafen.

Die Interaktion wird von der Bezugsperson ausgestaltet, indem sie auf die Signale des Babys reagiert und Kontakt zum Kind aufnimmt, die Befindlichkeit erkennt, seine Bedürfnisse befriedigt und so eine Bindung herstellt.

Die Deutung der Befindlichkeit und die Bedürfnisbefriedigung durch die Bezugsperson ist eine erste Kommunikation, sie vermittelt Verstandenwerden/Eingebundensein.

> **MERKE**
> Das Kind ist vollständig auf eine feinfühlige Bezugsperson angewiesen, die sich zuverlässig um das Kind kümmert und seine Bedürfnisse sicher befriedigt (z.B. Körperkontakt ermöglicht, Nahrung anbietet, Körperpflege durchführt und Sinnesanregungen bietet). Dabei ist der Säugling aktiver Partner, der durch sein Verhalten (Schreien oder Zufriedenheit) seine Gefühle anzeigt.

2. Lebensmonat

Wahrnehmung und Ausdruck eigener Bedürfnisse

Emotionsdifferenzierung/Emotionsregulation

Das Baby erlebt über die Nähe zur Bezugsperson, z. B. bei der Nahrungsaufnahme, sowohl körperliches als auch psychisches Wohlbefinden. (➔ Zufriedenheit)

Es sammelt visuelle Einrücke (z. B. Licht, Mobile über dem Bettchen). (➔ Aufmerksamkeit/Neugier)

Es verinnerlicht vertraute Geräusche (z. B. Musik, Stimmen der Eltern/Geschwister) und empfindet Sicherheit bei vertrauten Abläufen. (➔ ruhiger Wachzustand)

Es zeigt Erschrecken/Angst bei Störungen. (➔ Zusammenzucken, Weinen)

Dem Baby gelingt die **Kontrolle des eigenen Körpers** zunehmend besser, es beginnt, **eigenaktive Erfahrungen** mit der Umwelt zu sammeln, und exploriert sein nahes Umfeld sensorisch oder oral.

Soziale Prozesse

Interaktion/soziale Kognition

Das Baby lernt, **menschliche Gesichter wiederzuerkennen.**

Es kann die Augen koordinieren und **Blickkontakt** aufnehmen.

Die Interaktion zwischen Kind und Bezugsperson wird stärker wechselseitig.

Das Kind zeigt ein **erstes soziales Lächeln** im Kontakt mit Menschen, dabei erkennt es die Hauptbezugsperson (meist die Mutter), lächelt aber auch bei anderen Personen.

Es beginnt nachzuahmen, es streckt z. B. gleichermaßen die Zunge heraus, wenn sein Gegenüber dies vormacht.

Also: Es baut soziale Kompetenzen aus.

> **MERKE**
> Basis für diese Entwicklungsschritte ist die sich verfestigende Bindung an Bezugsperson(en), die zuverlässig die Bedürfnisse des Kindes erkennen und befriedigen, dadurch Emotionen regulieren können und so emotionale Sicherheit bieten.

3. Lebensmonat

Wahrnehmung und Ausdruck eigener Bedürfnisse

Emotionsdifferenzierung/Emotionsregulation
Das Kind beginnt zu „spielen", es kann seinen Körper gezielter kontrollieren und entwickelt Freude an den eigenen Körperfähigkeiten (z. B. Strampelt, spielt mit den Händen, manipuliert Babyspielzeuge).

Es beginnt, verschiedenste Laute zu produzieren und hat Freude am Ausprobieren und am eigenen „Dialog". Es **lautiert Gefühle** (z. B. Juchzen, klagende Laute). Es zeigt durch verschiedenartiges Schreien unterschiedliche Bedürfnisse an.

Soziale Prozesse

Interaktion/soziale Kognition
Das Kind **genießt Zuwendung** und körperliche Nähe. Es **erwartet Interaktion,** nimmt Blickkontakt auf, oder meidet ihn. Die **Interaktion** zwischen Bezugsperson und Kind wird **aktiv vom Kind mitgestaltet.** Die Interaktion ist dyadisch, nämlich der wechselseitige Austausch zwischen Kind und Bezugsperson. Es zeigt sich im Kontakt freudig erregt oder entspannt/genießend oder angespannt/weinend.

Es kommuniziert über Mimik, Gestik und Laute.
Es beruhigt sich durch Ansprache (oder Singen, Summen), Körperkontakt und Herumtragen, im Arm wiegen.

Beginn der gemeinsamen Intentionalität (siehe Kasten).

Gemeinsame Intentionalität:
Dieses gemeinsam-zielgerichtete Verhalten entwickelt sich (nach Tomasello, 2007) in drei Stufen:
1. Stufe: Sich in andere hineinversetzen zu können (ca. 3. Monat)
2. Stufe: Die gemeinsame Absicht des Handelns erkennen und verstehen (ca. 9. Monat)
3. Stufe: Aus unterschiedlichen Plänen eine gemeinsame Intention entwickeln (ca. 14. Monat)

4. Lebensmonat

Wahrnehmung und Ausdruck eigener Bedürfnisse

Emotionsdifferenzierung/Emotionsregulation

Das Kind fühlt sich wohl im vertrauten Umfeld und bei vertrauten Abläufen, zeigt Vorfreude, z.B. wenn es gleich hochgehoben wird (streckt die Arme entgegen, strampelt).

Es verfügt über ein differenzierteres Repertoire zur Bedürfnisäußerung:
- Lächeln,
- verschiedene Formen der Unmutsbekundung (Quengeln, Meckern, Jammern, Schreien, Wegdrehen),
- Aufnehmen oder Abbrechen von Blickkontakt.

Es kann sich auf Veränderungen und neue Eindrücke einlassen und zeigt **erste Strategien zur Selbstregulation,** z.B. dreht sich weg, wendet Blick ab, saugt am Schnuller oder Daumen.
Es ist dennoch angewiesen auf Bezugspersonen, die seine Bedürfnisse (er-)kennen und routiniert (also in vorhersehbarer, vertrauter Weise) handeln.

Soziale Prozesse

Interaktion/soziale Kognition

Das Kind reagiert auf die Trennung von einer vertrauten Person, lässt sich aber ablenken.
Es hat Freude daran, Laute zu produzieren. Erste dialogähnliche Interaktionen finden statt.

Das Kind unterscheidet bei den Personen in seiner Umgebung zwischen freundlichem bzw. ärgerlichem Stimmklang und reagiert entsprechend.
Beispiel: Es beginnt zu weinen, wenn ein Geschwisterkind geschimpft wird.

Anfänge von Empathie: Noch weiß das Kind nicht, wer und warum geschimpft wird, es bezieht das Schimpfen auch nicht auf sich. Aber es nimmt die angespannte Stimmung wahr und reagiert mit Irritation und Traurigkeit, ggf. mit Angst.

5. Lebensmonat

Wahrnehmung und Ausdruck eigener Bedürfnisse

Emotionsdifferenzierung/Emotionsregulation
Das Kind zeigt **Ausdauer und Freude beim Erkunden** seiner körperlichen Fähigkeiten.

Es zeigt Interesse an der Exploration von Gegenständen/Spielzeugen. Es kann sie von einer Hand in die andere nehmen und von allen Seiten betrachten und spüren.

Es können erste kleine Unfälle passieren, z.B. wenn der Gegenstand aus der Hand auf das Gesicht fällt (Erschrecken, eventuell Schmerz, Weinen).

Es entwickelt kleine Handlungsabläufe, die es **mit Begeisterung wiederholt,** z.B. Greifen ➔ Rasseln ➔ nachspüren ➔ wiederholen.

Soziale Prozesse

Interaktion/soziale Kognition
Das Kind „begrüßt" (Bezugs-)Personen, indem es erwartungsvoll strampelt und zappelt.

Es weint, wenn die Bezugsperson weggeht, und hört auf zu weinen, wenn es wieder aufgenommen wird.

Es beteiligt sich aktiv an *Face-to-Face*-Interaktionen, beobachtet und imitiert die Bezugsperson, z.T. schon abwechselnd. Es bemüht sich, die Kommunikation aufrechtzuerhalten.

Es bekundet Freude stimmhaft durch lautes Lachen und Quietschen.

6. Lebensmonat

Wahrnehmung und Ausdruck eigener Bedürfnisse

Emotionsdifferenzierung/Emotionsregulation

Das Kind zeigt Interesse an der umgebenden Welt, es ist neugierig und versucht an alles Interessante heranzukommen, noch ist es motorisch nicht in der Lage, selbstständig jeden Ort zu erreichen.

Es zeigt ein deutliches Interesse und auch Unmut/ Verärgerung, wenn etwas nicht gelingt.

Es hat Freude an Wiederholungen, lacht, wenn derselbe Effekt wiederholt auftritt. (z.B. bei Spielgegenständen mit Geräusch/Licht-Effekt, oder beim Spiel mit Bezugspersonen vergl. unten Beispiel: Kuckuck)

Es reagiert überrascht (ggf. auch ängstlich, ärgerlich), wenn die Wiederholung nicht in erwarteter Weise gelingt (z.B. Licht an/aus).

Es wendet weiterhin seine ersten Strategien zur Emotionsregulation an.

Es ist weiterhin auf Bezugspersonen angewiesen, die es bei der Emotionsregulation unterstützen.

Soziale Prozesse

Interaktion/soziale Kognition

Das Kind **protestiert,** wenn ein Gegenstand, mit dem es sich gerade beschäftigt, weggenommen wird. → **Objektpermanenz entsteht,** und damit nicht nur das Erinnern (= Kognition), sondern auch das Vermissen und das Behaltenwollen (= Emotion) eines bedeutsamen Gegenstandes.

Es reagiert emotional auf negative Überraschungen mit Enttäuschung, Traurigkeit, Ärger.

Das Kind reagiert nun auf seinen Namen.

Die emotionale Bindung an betreuende Bezugspersonen verstärkt sich.

Es zeigt **Erwartung/Vorfreude** bei bekannten Spielchen (Kuckuck, Hoppe hoppe Reiter u.a.).

7. Lebensmonat

Wahrnehmung und Ausdruck eigener Bedürfnisse

Emotionsdifferenzierung/Emotionsregulation

Das Kind zeigt Interesse am eigenen Spiegelbild und **beginnt, sich als Person, als ICH zu erkennen,** und zeigt Freude am Gegenüber im Spiegel.

Das Kind ist motorisch unabhängiger, dadurch exploriert es in seinem Umfeld und muss neben allerlei Spannendem auch erleben, dass man sich weh tun kann. Es weint bei Verletzungen.

Es zeigt deutlich Frustration (Ärger), wenn ihm etwas nicht gelingt.

Es zeigt Neugier und Ausdauer, wenn es neue körperliche Fähigkeiten erprobt, seine Fertigkeiten anwendet oder im Umfeld exploriert.

Soziale Prozesse

Interaktion/soziale Kognition

Das Kind beginnt zu „fremdeln", es wendet sich von fremden Personen ab, zeigt Angst, Abwehr und ggf. Weinen.

Die vertrauten Bezugspersonen werden zum „sicheren Hafen", zum Ausgangspunkt von Erkundungen und zum Rückzugsort bei Verunsicherung.

Es holt sich **„soziale Rückversicherung"** – dies bedeutet, der emotionale Ausdruck seiner Bezugsperson gibt dem Kind Orientierung darüber, wie es auf die neue Sache/Situation reagieren soll. → Das Kind holt sich diese **Information über Blickkontakt.** Ein ermutigender Blick lässt es weitermachen, ein sorgenvoller Blick lässt es aufhören.

8. Lebensmonat

Wahrnehmung und Ausdruck eigener Bedürfnisse

Emotionsdifferenzierung/Emotionsregulation

Das Kind zeigt ein erweitertes Repertoire an Emotionen und deren Abstufungen (vgl. Rad der Emotionen, Seite 12).

- Es lacht, zeigt **Freude** und Begeisterung.
- Es zeigt **Ablehnung,** indem es etwas wegschiebt, das es nicht mag.
- Es zeigt **Ärger, Unmut, Enttäuschung und Traurigkeit** in deren unterschiedlichen Ausformungen.

Es zeigt Interesse an anderen Kindern, freut sich, wenn es andere Kinder sieht.

Es schaut anderen Kindern interessiert zu und „fühlt" mit, d. h., es beginnt zu weinen, wenn andere Kinder weinen, auch wenn es den Grund noch nicht erfassen kann.

Soziale Prozesse

Interaktion/soziale Kognition

Das Kind erlebt zum ersten Mal ein „Nein" und lernt, dass nicht alles erlaubt ist, was interessant erscheint.

Es beginnt, Verbote zu verstehen.

Mit der Mobilität wird das **Bindungsverhalten** deutlicher **sichtbar:** Aus der sicheren Bindung heraus beginnt das Kind, die Umgebung zu erkunden, inkl. Rückversicherung über Blickkontakt.

Es kommt zur Bezugsperson zurück, wenn es Sicherheit braucht, bzw. beginnt zu weinen, um die Bezugsperson zu „alarmieren".

Es reagiert positiv auf Lob, freut sich über ermutigende Worte und Blicke, die es in seinem Tun bestätigen.

9. Lebensmonat

Wahrnehmung und Ausdruck eigener Bedürfnisse

Emotionsdifferenzierung/Emotionsregulation
Das Kind nimmt von sich aus Kontakt zu Erwachsenen und/oder anderen Kindern auf.

Entdecken und Erleben von **Selbstwirksamkeit:** Das Kind zeigt große Freude an einfachen Versteckspielen, z.B. wenn ein Spielzeug unter einem Tuch verschwindet und das Kind es wieder hervorholen kann.

Soziale Prozesse

Interaktion/soziale Kognition
Imitation/Nachahmung des Tuns von Erwachsenen/größeren Kindern, z.B. „Telefonieren" oder „Kochen".

> **BEACHTE**
> Für die Nachahmung braucht das Kind jetzt noch möglichst reale Gegenstände. Telefoniert wird mit dem echten Telefon oder dem Babytelefon, aber noch nicht (!) mit dem Bauklotz.

Kind und Bezugsperson richten ihre Aufmerksamkeit auf ein *gemeinsames* Objekt, die **Interaktion wird triadisch** (vgl. gemeinsame Intentionalität, Seite 42).

Das Kind wird zum Initiator einer Interaktion, indem es auf etwas zeigt und damit die Bezugsperson in die Interaktion holt.

Das Kind sucht in ungewohnten Situationen Blickkontakt zur Bezugsperson, um aus ihrer Mimik zu „lesen", wie es reagieren soll. **Affektverstärkung/soziale Rückversicherung:** Ein ermutigender Blick lässt es fortfahren, ein kritischer Blick führt zum Rückzug.

Das Kind **versteht einfache Gestik und Mimik** von anderen.

10. Lebensmonat

Wahrnehmung und Ausdruck eigener Bedürfnisse

Emotionsdifferenzierung/Emotionsregulation

Es zeigt Zuneigung zu vertrauten Personen und auch gegenüber „geliebten" Kuscheltieren, indem es sie umarmt oder streichelt.

Es traut sich zu agieren, zu spielen.

Es erkundet und verinnerlicht, worauf eine Bezugsperson emotional reagiert. So sammelt es mit seinem Tun Erfahrungen, indem es Lob und Bestätigung erhält, aber auch Gebote und Verbote erfährt. Beispiel: Das Kind streichelt jemandem über die Haare oder zieht an dessen Haaren.

Soziale Prozesse

Interaktion/soziale Kognition

Es kooperiert in bekannten Situationen, z. B.

- Wickeln ➔ hebt die Beinchen an,
- Anziehen ➔ hebt die Arme hoch,
- Essen ➔ öffnet den Mund, wenn Nahrung angeboten wird,
- Trinken ➔ greift nach der Flasche, dem Becher.

Das Kind reagiert auf positive oder negative Ansprache von Personen seiner Umwelt:

- Es freut sich über freundliche Ansprache.
- Hält inne, wenn es heftig oder ernst angesprochen wird.
- Weint, wenn eine wenig vertraute Person sich schnell oder laut nähert.

Gemeinsame Intentionalität (vgl. Seite 42): Das Kind beginnt, gemeinsame und unterschiedliche Absichten (Ziele) im Tun mit anderen zu erkennen. Diese Fähigkeit setzt voraus, die Emotionen, Erfahrungen und Handlungen **mit anderen teilen zu wollen.**

Beispiel: Es blickt und zeigt auf etwas. Es fordert auf zur Wiederholung des gemeinsamen Tuns.

11. Lebensmonat

Wahrnehmung und Ausdruck eigener Bedürfnisse

Emotionsdifferenzierung/Emotionsregulation
Das Kind baut Kontakt und Vertrauen zu verschiedenen Bezugspersonen auf, wenn es regelmäßige Kontaktmöglichkeiten hat.

Eingewöhnung in eine Krippe möglich, sofern das Kind eine sichere Bindung zu einer Bezugserzieherfachkraft aufbauen kann.

Soziale Prozesse

Interaktion/soziale Kognition
Das Kind versucht, Erwachsene dazu zu bringen, sich mit ihm zu beschäftigen. Dazu

- zieht es an der Kleidung oder tippt die Person an,
- nimmt Blickkontakt auf, mit erwartungsvollem Blick,
- zeigt es auf einen Gegenstand, bietet ein Spielzeug an.

Es tritt in Dialoge ein, indem es auf Dinge zeigt und diese durch die Bezugsperson benennen lässt.

Es beginnt, sich sprachlich mitzuteilen im Gebrauch von einfachen Silben und Silbendopplungen und entwickelt erste eigene Wortkreationen, z. B. Hund = Wauwau.

Das Kind benennt seine Bezugspersonen mit Namen, z. B. „Mama" und „Papa".

Es **setzt kommunikative Gesten ein.**

Beispiel: Es imitiert Winken zum Abschied und setzt es eigenaktiv ein, wenn es meint, ein Abschied stehe an.

12. Lebensmonat

Wahrnehmung und Ausdruck eigener Bedürfnisse

Emotionsdifferenzierung/Emotionsregulation

Das Kind sucht aktiv durch Blickkontakt nach bewertenden Signalen der Bezugspersonen und deutet deren emotionalen Ausdruck (soziale Rückversicherung).

Es zeigt verschiedene Formen der Selbstregulation, schützt sich vor unangenehmen Reizen durch

- Abwenden oder Wegkrabbeln,
- Wegschieben von Speisen oder Spielzeigen, die es nicht mag,
- Ohren zuhalten, oder
- indem es zur Bezugsperson krabbelt.

Soziale Prozesse

Interaktion/soziale Kognition

- Das Kind tritt in **Dialog** und Kontakt zu einer zunehmenden Zahl an vertrauten Personen. Ggf. Eingewöhnung in eine Krippengruppe/bei einer Tagespflegeperson möglich.
- Im gemeinsamen Tun **(Joint Attention)** entwickeln sich vielfältige soziale Kompetenzen. Das Kind erlebt Gefühle, z.B. die gemeinsame Freude an der Interaktion.
- Es lernt, Gefühle spielerisch auszudrücken, z.B. gespielte Traurigkeit beim Abschied und gespielte Wiedersehensfreude.

Im sozialen Austausch erwirbt das Kind „Vokabeln" für seine Emotionen und Wissen über die emotionale Seite seines Handelns: „Ruft mein Tun Wohlwollen oder Ablehnung hervor?"

Beispiel: Das Kind klettert auf das Sofa. Der Erwachsene formuliert das Tun und die emotionale Einordnung in Worten, „Bist du allein aufs Sofa geklettert? Ja, prima, so groß bist du schon!" (Lob oder Ermutigung)

Oder: „Vorsicht, du fällst runter und tust dir weh." (Ermahnung)

2. Lebensjahr

13. bis 15. Monat (erstes Quartal)

Wahrnehmung und Ausdruck eigener Bedürfnisse

Emotionsdifferenzierung/Emotionsregulation
Das Kind drückt Emotionen klar und direkt aus:

- **Zuneigung,** z. B. durch liebevolle Umarmung, Anbieten von Spielzeugen,
- **Ärger,** z. B: durch Weinen oder offene Aggression,
- **Eifersucht und das Bedürfnis nach Zuwendung,** z. B. will es auch Aufmerksamkeit, will auf den Arm, wenn andere Kinder/Geschwister Zuwendung erhalten.

Soziale Prozesse

Interaktion/soziale Kognition
Es imitiert die Gesten Erwachsener, v. a. die der Bezugspersonen, z. B. klatscht in die Hände.

Gemeinsame Intentionalität (Stufe 3, vgl. Seite 42). Das Kind beginnt nun auch, kollaborierend zu handeln: Es hat einen Plan, den es aktiv verfolgt, und versucht, die Bezugsperson dafür zu gewinnen. Anders als bei der triadischen Interaktion, wo ein gemeinsames Ziel im Mittelpunkt steht (z. B. wir spielen mit dem Ball), ist das Kind hier **aktiv** dabei, eine **gemeinsame Intention anzubahnen.** Es möchte den anderen für eine gemeinsame Sache gewinnen (z. B. spielst du wieder mit mir Ball?). Es erfährt, dass nicht alle Pläne in Einklang zu bringen sind, z. B. wenn das Kind eine Gefahr nicht überblickt oder wenn die Zeit fehlt.

Das Kind erlebt dabei Frustrationen und reagiert mit verschieden starken emotionalen Reaktionen

> **TIPP**
> Natürlich sollte ein Kind nicht ständig Frust erfahren, es ist aber nicht sinnvoll, Frustrationen möglichst zu vermeiden. Es ist wichtig, einen angemessenen Umgang mit Frust zu finden.

16. bis 18. Monat (zweites Quartal)

Wahrnehmung und Ausdruck eigener Bedürfnisse

Emotionsdifferenzierung/Emotionsregulation

Es zeigt Betroffenheit, wenn andere Kinder weinen:

- Betroffener Blick,
- versucht, zu helfen (geht hin, holt Erwachsenen),
- bietet Dinge zum Trost an (Spielzeug, den eigenen Schnuller, Kuscheltier, Taschentuch).

Das **Selbstbild** entwickelt sich, das Kind reagiert auf seinen Namen, es zeigt auf Körperteile.
Das Kind sollte ein **Gefühl von Bedeutsamkeit/Wichtigkeit** empfinden.

> **MERKE:** Vernachlässigte Kinder zeigen im Hinblick auf Selbstwert ein auffälliges Verhalten – entweder sind sie sehr scheu oder teilnahmslos oder sie suchen fast distanzlos Nähe und Aufmerksamkeit auch bei fremden Personen. Das verinnerlichte Empfinden von *„ich bin bedeutsam“* fehlt diesen Kindern, sie müssen sich dies immer wieder holen, oder sie haben aufgegeben und bleiben passiv.

Soziale Prozesse

Interaktion/soziale Kognition

Das Kind versucht, eine vertraute Person dazu aufzufordern, mitzukommen, z. B. durch Zeigen oder Hand anfassen (gemeinsame Intentionalität 3. Stufe: Kollaborieren, vgl. Seite 42).
Es sucht Trost und Schutz, am liebsten bei vertrauten Bezugspersonen.
Verwandte, Freunde der Familie werden bei regelmäßigem Kontakt auch zu vertrauten Personen.
Aufbau von neuen Beziehungen durch den Besuch **einer Krippe/**einer Tagespflegestelle.
Im Kontakt mit gleichaltrigen Kindern entwickelt sich ein **Parallelspiel,** der Kontakt besteht aus:

- freundlichem Begrüßen/einander Beobachten oder
- (bei Interessenkonflikten) aus Ablehnung/Rückzug/Weinen.

Das Kind zeigt eine Vorliebe für bestimmte andere Kinder aus der Gruppe.

19. bis 21. Monat (drittes Quartal)

Wahrnehmung und Ausdruck eigener Bedürfnisse

Emotionsdifferenzierung/Emotionsregulation

Das ICH-Bewusstsein hat sich entwickelt und das **Autonomiealter** beginnt, denn das Kind erkennt sich als eigenständige und aktiv handelnde Person und **möchte** nun sehr bewusst **selbst handeln.** Das Kind zeigt heftige emotionale Verweigerungsreaktionen, wenn

- es Dinge nicht allein schafft,
- Bezugspersonen helfen wollen, aber diese Hilfe unerwünscht ist.

Es zeigt einen eigenen Willen: Selbstbehauptung, indem

- es auch mal NEIN sagt,
- es Aufforderungen verweigert.

Es entwickelt Vorlieben, z. B. für ein bestimmtes Spielzeug, für bestimmte Personen.

Soziale Prozesse

Interaktion/soziale Kognition

Durch die Autonomiebestrebungen des Kindes entstehen Konflikte mit den Bezugspersonen. Z. B.: Das Anziehen der Jacke und das Reißverschlussschließen scheitern noch an den motorischen Fähigkeiten des Kindes oder dem Zeitdruck der Bezugsperson. Beim Kind entsteht Frust, den es durch Schreien/Verweigerung äußert.

Das Kind wird unabhängiger von den Bezugspersonen.

> **MERKE:** Das Vertrauen in die sichere Bindung zu primären Bezugspersonen ermöglicht dem Kind erst die zunehmende Unabhängigkeit, um auch mit fremden/wenig vertrauten Personen in Kontakt treten zu wollen.

22. bis 24. Monat (viertes Quartal)

Wahrnehmung und Ausdruck eigener Bedürfnisse

Emotionsdifferenzierung/Emotionsregulation

Das Kind befindet sich weiterhin in der Autonomiephase mit starken Emotionen bei echten oder vermeintlichen Einschränkungen seines selbständigen Handelns.
Das Kind drückt Besitzansprüche aus:

- Es sagt „meins",
- es hält das Spielzeug fest und will es nicht hergeben,
- es möchte Dinge nicht oder nur ungern zurückgeben.

Das Kind erkennt sich auf Fotos oder im Spiegel.

> **MERKE:** Dies ist eine Weiterentwicklung des Selbstbilds, nun werden nicht nur Dinge **am eigenen Körper** erkannt und benannt, sondern auch **das eigene Abbild.** Eventuell benennt das Kind sich noch mit dem Namen, aber es hat eine klare Vorstellung von sich.

Soziale Prozesse

Interaktion/soziale Kognition

Das Kind hat Spielfreude und ist zunehmend interessiert am Spiel mit anderen.

Es beginnt, mit anderen Kindern zusammen zu spielen.

Es beteiligt sich an Gruppenaktivitäten und Kreisspielen.

Es beginnt, beim Spiel zu kooperieren und abzuwechseln.

Es teilt aus eigenem Antrieb und bietet spontan Essen oder Spielzeuge an.

3. Lebensjahr

Ab hier erfolgt eine Unterteilung in drei Bereiche:

Selbstregulation (eigene Bedürfnisse, Selbststeuerung: Rücksicht und Selbstbehauptung)	**Kontaktverhalten/Empathie**	**Motivation** (Umgang mit Aufgaben, Ausdauer, Explorationsfreude)

Selbstregulation

Das Kind **spricht von sich als ICH,** nur selten nennt es noch den Namen.

Es beginnt, Emotionen selbst zu regulieren.

Beispiel: Es holt sich selbst den Schnuller oder ein Kuscheltier oder zieht sich aus einer Situation zurück.

Es **setzt sich im Spiel mit Emotionen auseinander.**

Beispiel: Beim Puppenspiel wird die Puppe versorgt und liebkost, ggf. auch geschimpft.

Das Kind spricht über einfache Emotionen: Freude, Trauer, Ärger, Angst.

Es kommentiert alltägliche emotionale Situationen, die es beobachtet oder aus Bilderbuchabbildungen erfährt.

Es bemüht sich, Wut und Ärger zu kontrollieren, z. B. weint/schreit, aber schubst und schlägt nicht.

Kontaktverhalten

Das Kind fühlt mit und zeigt Betroffenheit, wenn sich jemand weh getan hat, z. B. spendet Trost.

Es zeigt, dass es die **Emotionen, die Absichten und die Gefühle anderer deutet.**

Beispiel: Es besetzt schnell das geliebte Fahrzeug, wenn es sieht, dass ein anderes Kind darauf zusteuert.

Es sammelt Gruppenerfahrungen durch Kita, Spielgruppen, Kinderturnen und erlebt viele Formen des sozialen Miteinanders.

Es entwickelt Freundschaften zu anderen Kindern. Dabei nimmt es verschiedene aktive oder passive Rollen ein und erlebt:

- Interessengleichheit – Interessenskonflikte,
- demokratisches Entscheiden – autoritäres Durchsetzen,
- Streit/Versöhnung – friedliches Miteinander,
- an der Reihe sein – Abwarten (u. a.).

Es empfindet Sympathie und Abneigung und zeigt dies deutlich.

Motivation

Das Kind freut sich selbst über seine zunehmenden Fähigkeiten und zeigt dies, z. B.: durch Lächeln oder einen zufriedenen Gesichtsausdruck (intrinsische Motivation, selbstverstärkend).

Es kann Bedürfnisse kurzzeitig aufschieben oder Alternativen annehmen, z. B. teilt Spielzeug und wartet ab, bis es selbst damit spielen darf.

Es versucht, die eigenen Ideen und Vorstellungen im Spiel mit anderen zu platzieren/durchzusetzen.

> **BEACHTE**
> Nicht alles entwickelt sich gleich bei Kindern des gleichen Alters. Faktoren wie Vorhandensein von Geschwisterkindern und der individuelle Umgang der Eltern mit dem Kind beeinflussen die sozial-emotionale Entwicklung ganz erheblich.

4. Lebensjahr

Selbstregulation

Das Kind empfindet Verlegenheit und Neid.

Es kann Ängste sprachlich ausdrücken: „Im Dunkeln habe ich immer Angst, dass Gespenster da sind."

Es beginnt, sich mit den Ursachen von Emotionen zu beschäftigen: „Ich bin/war wütend, weil der mir die Burg kaputt gemacht hat."

Es bemüht sich, negative Gefühle zu kontrollieren und versucht, angemessen mit Frustrationen umzugehen. Beispiel: Es weiß, dass es Konflikte gewaltfrei lösen sollte, dies gelingt nicht immer.

Kontaktverhalten/Empathie

Es macht anderen gern eine Freude (die Konflikte der Autonomiephase sind überwunden).

Beispiel: Es bringt Blümchen für die Bezugsperson, teilt Süßigkeiten mit Geschwistern/Freunden, hilft im Haushalt mit.

Es sucht aktiv nach Gemeinsamkeiten, um Nähe und Zuneigung auszudrücken: „Wir haben beide etwas Rotes an."

Es beginnt zu erkennen, dass Motive und Gefühle individuell verschieden sein können.

Beginnender Perspektivwechsel: „Mama findet Sand [in der Wohnung] nicht gut, weil sie dann wieder sauber machen muss."

Es fängt an, **mit anderen zu kooperieren** und kann zunehmend besser akzeptieren, wenn der eigene Wunsch nicht erfüllt wird. Nimmt Alternativen an oder bringt diese selbst ein.

ABER: Weiterhin Konflikte, da das Kind längst nicht immer kompromissbereit ist.

Motivation

Das Kind zeigt eine große Bereitschaft zu helfen, z. B. zeigt anderen Kinder, wo etwas ist oder wie etwas geht.

Es ist sehr stolz auf Dinge, die es produziert hat.

Es achtet darauf, dass andere die **Regeln einhalten,** z. B. teilt es regelwidriges Verhalten der Erzieherfachkraft mit.

Das Kind **probiert sich in verschiedenen Rollen aus** (Rollenspielphase).

Im gemeinsamen Spiel werden Szenen aus dem Alltagserleben nachgespielt und Rollen variiert. Das Kind schlüpft auch in Fantasiewelten und wird Prinzessin, Piratin uvm. Es unterscheidet zwischen Realität und Spiel und bleibt beim Rollenspiel in der Rolle.

5. Lebensjahr

Selbstregulation

Das Kind **bewertet** dargestellte Handlungen **moralisch,** dies bedeutet, dass es ein Wertesystem (gut-böse/richtig-falsch) verinnerlicht.

Beispiel: „Dieser Junge ist nett, er hilft dem alten Mann. Der andere ist gemein, er lacht, weil der Mann hingefallen ist."

Es zeigt eine gewisse Frustrationstoleranz, z. B. versucht es nochmal bei Misserfolgen, sucht nach anderen Lösungen.

Es versucht, Konflikte verbal zu lösen, z. B. indem es Vorschläge zur Verteilung macht oder darlegt, warum es dringend das begehrte Teil selbst braucht.

Kontaktverhalten/Empathie

Das Kind hat einen ersten festen Freund/eine erste feste Freundin.

Es entwickelt zunehmend ein Verständnis für andere Blickwinkel (Perspektivenübernahme); zunächst in einfacher Form als visuelle Perspektivenübernahme, allmählich auch für gedanklich andere Blickwinkel.

Es ist betroffen, wenn es bei anderen Personen Traurigkeit oder Schmerz verursacht hat. Beispiel: schuldbewusster Blick, Hilflosigkeit und auch Entschuldigungen „das war nicht mit Absicht"

Es kann Emotionen nicht nur ausleben, sondern auch aussprechen.

Es hat Worte und Erklärungen für verschiedene eigene Gefühlszustände und formuliert/zeigt Empathie und Einfühlungsvermögen für andere. Beispiel: „Die Lina hat mich geärgert. Sie hat immer wieder … gesagt. Das macht mich wütend." Oder: „Der Max ist neu in unserer Gruppe. Er hat geweint. Ich habe gefragt, ob er mit mir spielen will."

> **TIPP**
> Die Regulation von Emotionen und die Empathie kann nachhaltig gefördert werden, wenn man anlassbezogen **metakognitive Dialoge** anbahnt und **über die Emotionen spricht.** Dabei kann man auch den Perspektivwechsel fördern: „Wie würdest du das finden? Was würdest du fühlen?"

Motivation

Das Kind kann eine halbe Stunde lang für sich allein spielen.

Es ist stolz auf sein Können und führt es gerne vor, z. B. „Guck mal was sich gebaut habe/wie gut ich klettern/springen/laufen kann."

Es versucht, Verantwortung zu übernehmen, z. B. „Das kann ich alleine machen" (Tischdecken, Staubsaugen …). Manchmal überschätzt es sich dabei.

6. Lebensjahr

Selbstregulation

Das Kind erkennt, dass Emotionen auch durch Erinnerungen ausgelöst werden können.
Es kann über eigene Missgeschicke lachen (Frustrationstoleranz).
Es kann Grenzen setzen und bleibt standhaft, wenn ihm etwas nicht gefällt.
Es entwickelt die Fähigkeit des **bewussten Lügens und Täuschens.**
Bis zum Ende des Kindergartenalters erwerben Kinder eine **Schwindelkompetenz.**

Kontaktverhalten/Empathie

Das Kind kann sich **gedanklich in die Lage des anderen hineinversetzen und mitfühlen.** Es erkennt z. B., „da weint jemand", das tut ihm leid (Empathie).
Es stellt Vermutungen bezüglich der **Gedanken des anderen** an („Er weint, weil er nicht mitspielen darf.") und wägt ab, ob es (ggf.) andere unterstützen oder gezielt ärgern möchte.
Beispiel: „Ich helfe ihm, einen Platz im Spiel zu bekommen." „Ich biete mich als Spielpartner an." Oder bewusst ausschließen: „Du darfst hier nicht mitspielen! Du gehörst nicht dazu."

> **TIPP**
> Mit **„Theory of Mind"** (ToM) wird beschrieben, dass es um mehr geht als Empathie, nämlich darum, sich in die Lage eines anderen hineinzuversetzen und dann gezielt zu unterstützen oder auch zu schädigen.

Das Kind kann zwischen Absicht und Versehen bei der Bewertung von Ereignissen unterscheiden, dies ist eine **moralische Weiterentwicklung.**

Motivation

Es bewertet seine Produkte und Fähigkeiten selbstkritisch, z. B. „Das gemalte Auto hat schiefe Räder", „Der Max kann schneller rennen als ich." Es beteiligt sich aktiv an Gruppendiskussionen, dies zeigt einerseits Selbstvertrauen (sich trauen), aber auch Selbstwert (sich bedeutsam fühlen). Es ist wissbegierig und traut sich Dinge zu, die schwierig erscheinen.

7. Lebensjahr

Selbstregulation

Schuleintritt

Gruppenfähigkeit: Das Kind nimmt sich als Teil einer Gemeinschaft (Klasse) wahr und reagiert auf die allgemeinen Aufforderungen, z. B. einer an die Klasse gerichtete Aufforderung wie „bitte Ruhe", „bitte seid leise".

Frustrationstoleranz: Das Kind kann akzeptieren, dass es nicht immer drangenommen wird, es kann abwarten.

Es weiß, dass Menschen **Gefühle verdecken oder überspielen.** Beispielsweise ist eigentlich etwas peinlich, traurig oder schmerzhaft, aber man tut so, als ob es einem nichts ausmacht.

Kontaktverhalten/Empathie

Es hat enge freundschaftliche Beziehungen.
Es kennt die sozialen Beziehungen und die Rollen in seiner Gruppe/Klasse.
Beispiel: „Diese beiden spielen immer nur zusammen", „der will immer Anführer sein"
Konfliktfähigkeit: Das Kind kann mit Konflikten umgehen und ggf. auch konstruktiv zur Lösung beitragen.

Motivation

Positive Selbsteinschätzung: Das Kind sollte Vertrauen in die eigenen Fähigkeiten haben und Mut besitzen, sein Wissen einzubringen. Es sollte Ideen für Unterricht und Pausengestaltung äußern.
Es bearbeitet Aufgaben selbstständig und kann sich auf die Aufgabe konzentrieren.
Es stellt ggf. fest, dass andere Kinder Dinge leichter lernen, und akzeptiert dies.

> **TIPP**
> Das Interesse des Kindes an den Lerngegenständen kann nachhaltig durch interessiertes Teilhaben/Nachfragen gefördert werden, z. B. indem eine subjektive Bedeutsamkeit hergestellt wird („Wo gibt es einen Alltagsbezug?"). Dies ist positiver als sachfremde Belohnungen.

8. Lebensjahr

Selbstregulation

Das Kind versteht, das man auch gemischte oder ambivalente Gefühle haben kann.
Dem Kind gelingt die eigene Stressregulierung (je nachdem) leicht oder nur sehr schwer, z. B.

- es wirkt ausgeglichen,
- es kann Niederlagen leicht wegsteckecken,
- es braucht lange, um wieder ins Lot zu kommen,
- es verliert schnell die Fassung.

Es vertritt selbstbewusst seine eigene Meinung oder lässt sich unter Druck setzen.

Kontaktverhalten/Empathie

Es arbeitet kooperativ mit einem anderen Kind zusammen.

Freundschaft ist geprägt von gemeinsamen Interessen und Hobbys. Unterschiedliche Vorlieben sind in diesem Alter eher ein Ablehnungsgrund.

In größeren Gruppen betonen Kinder die Zugehörigkeit zum eigenen Geschlecht.

Motivation

Es übernimmt gern Tätigkeiten und Verantwortung in Gruppen (z. B.: Tafeldienst, Klassensprecher).
Es ist optimistisch, wenn es anfängt, und traut sich auch Aufgaben zu, bei denen es nicht sicher ist, ob sie gelingen.

9. und 10. Lebensjahr

Selbstregulation

Das Kind kennt seine eigene Position und die Positionen anderer in sozialen Gruppen.

Es bemüht sich, seinen Emotionsausdruck dem Kontext anzupassen, z. B. verbirgt Enttäuschung über eine schlechte Note oder ein nicht erwünschtes Geschenk.

Gerechtigkeit bedeutet Gleichbehandlung, z. B. es beschwert sich, wenn ungleiche Bedingungen bestehen; wenn ein Klassenkamerad mehr Zeit für eine Aufgabe bekommt.

Kontaktverhalten/Empathie

Bei Freundschaften sind emotionale Unterstützung und Hilfe maßgebliche Faktoren, z. B. Beistand bei Konflikt, Hausaufgaben bringen bei Krankheit, „wer das nicht tut, ist kein Freund mehr".

Es beschreibt Personen mit konkreten Eigenschaften, „der … wird schnell wütend".

Es hat Interesse an den Themen Herkunft und Identität und vergleicht sich und die eigene Familie mit anderen.

Motivation

Gemeinsame Interessen mit gleichaltrigen Freunden (Peergroup) gewinnen an Bedeutung.

Das Kind möchte dazugehören und passt sich hinsichtlich seiner Interessen (Spielzeuge und virtuelle Spiele), Hobbys (Fußball o. a.), Kleidung an die Freunde an.